차트 퀴즈로 풀어보는
미국 주식 매수
타점 완전 정복

국내 최초! 세계 최초! 한국·미국 주식 차트 문제로 익히는 지지·저항 매수 타이밍
청소년, 초보자도 함께 풀 수 있는 투자 게임

차트·퀴즈로 풀어보는

미국 주식 매수
타점 완전 정복

김점수 감수
장영한 장호철 박준혁 지음

두드림미디어

손실은 악마인가?

투자하거나 매매할 때, 동전의 양면처럼 이익과 손실은 '반드시' 함께 찾아온다.

투자에 임하는 모든 사람들이 이러한 사실을 명확하게 인지한다면, 주식이 쉽게 나에게 돈을 벌어줄 것이라는 핑크빛 희망만을 품고 주식 시장에 뛰어들지도 않을 것이며, 피땀 흘려 모은 자신의 재산을 허망하게 주식 시장에서 날리지도 않을 것이다.

주식은 누구나 올라갈 것이라는 '희망?', '기대?', '예측?', '바람?'으로 매수한다.

이때, "혹시나 내가 산 주식이 이러한 희망·기대·예측·바람과 반대로 간다면 어떻게 해야 할지를 '먼저' 생각한다면, 여러분의 주식 투자 결과는 '반드시' 달라질 수 있을 것이다. 만유인력의 법칙을 발견한 뉴턴(Isaac Newton)이나 천재 과학자인 아인슈타인(Albert Einstein), 그 밖의 노벨 경제학 수상을 한 사람들도 주식 시장에서 손실을 보았다. 머리가 좋고, 학벌이 좋다고 해서 주식 시장에서도 성공할 수 있다고 생각하는가.

재테크나 투자를 생각하고 있는 사람의 '난 평생 단 한 번의 실패도 없이 모든 투자에서 성공할 거야'라는 생각에 동의하는가?

나도 '반드시' 투자에 실패할 수 있다는 생각을 전제로 하고 투자에 임한다면, 나의 시장 예측이 맞더라도 그것이 '반드시' 수익을 가져다주는 것과는 별개의 문제다.

주식으로 성공하는 방법은 다양하고 모두 제각각이다. 험난한 길에서 살아남기 위해서는 자신만의 원칙과 기준이 필요하다. 그것조차 없음에도 무작정 주식으로 성공하려 하는가? 아니, 혹시 그러려고 하고 있지 않나?

욕심만 가지고는 아무것도 이루어낼 수가 없다. 자신만의 원칙과 기준이 없고, 무엇으로 또는 어떻게 주식 시장에 접근해야 하는지 이 책의 문제를 풀면서 '원칙과 기준'에 대해서 다시 한번 생각해보자. 그리고 이 책에서 제시하는 '주식 투자 방법'에 동의한다면, 그길로 한번 매진해보시길 권한다. 그럼 최소한 주식 시장에서 절대 낭패 보는 일은 생기지 않을 것이다.

명심하라. 눈으로만 보지 말고 적은 돈이라도 '반드시' 경험을 쌓아야 한다. 기회는 평생 올 것이다. 그럼 손실은 악마가 아닌 항상 함께할 수 있는 친구가 되면서 여러분은 자신만의 길을 걸어가게 될 것이다.

내 팔자는 내가 바꾼다 ! Good Luck! 행운을 빈다.

장영한

차례

CHAPTER 01
빠르게 익히는 가격 분석의 이해와 차트 세팅

CHAPTER 02
패턴매매기법 – 이동평균선과 MACD 이용

CHAPTER 03
깊은 가격 조정(패턴 2)의 이해와 매수 타이밍

CHAPTER 04
얕은 가격 조정의 이해와 매수 타이밍
- 상위 차트(일봉)와 하위 차트(60분봉)를 이용

CHAPTER 05
깊은 가격 조정의 이해와 매수 타이밍
– 상위 차트(일봉)와 하위 차트(60분봉)를 이용

CHAPTER 06
전고점 등의 매수 타이밍
– 상위 차트(일봉)와 하위 차트(60분봉)를 이용

CHAPTER 07
시간(기간) 조정의 이해와 장기 투자용 매수 시점

빠르게 익히는 가격 분석의
이해와 차트 세팅

01 하버드 졸업생이나 경제학 박사는 주식 투자로 항상 돈을 번다.

① O　　　　　② X

02 주식은 리스크(위험)가 있지만, 부동산은 리스크가 없다.

① O　　　　　② X

03 만유인력의 법칙을 발견한 뉴턴은 자신이 발견한 과학 법칙을 주식 투자에 적용해 큰돈을 벌었다.

① O　　　　　② X

04 노벨 경제학상 수상자들이 만든 특정 헤지펀드는 주식 시장에서 성공했다.

① O　　　　　② X

05 머리가 나쁘면 주식 시장에서 성공할 수 없다.

① O　　　　　② X

06 주식으로 가장 빠르게 돈을 벌 방법은 유료 리딩방에 들어가는 것이다.

① O　　　　　② X

07 주식 시장에는 앞일을 100% 예측하는 수학 공식 같은 매매법이 있다.

① O   ② X

08 시장에서 유일한 팩트는 가격이다.

① O   ② X

09 히말라야에서 30년 수양하면 앞일을 맞출 수 있다.

① O   ② X

10 주식 책 1,000권을 읽으면 앞일을 예견해 주식 투자로 돈을 벌 수 있다.

① O   ② X

11 주식은 앞일을 맞추는 예측 게임이다.

① O   ② X

12 주식은 관리와 대응의 게임이다.

① O   ② X

13 주식을 사는 순간 가격이 오르는 것은 리스크(위험)다.

① O   ② X

14 주식을 사는 순간 가격이 떨어지는 것은 리스크(위험)다.

① O   ② X

15 무료나 유료 리딩방에 들어가면 노력 없이도 주식으로 큰돈을 벌 수 있다.

① O   ② X

16 주식이 하락할 때 (내가 주시하지 않고 있어도) 일정 가격 아래로 내려가면 자동으로 매도되는 기능은?

① 익절   ② 손절매

③ 공매도

17 손절매의 영어 표현은 무엇일까?

① sell

② short selling(공매도)

③ stop loss

18 기업의 재무 분석과 회계이론을 몇 년간 열심히 공부하면 해당 기업의 주가를 예측할 수 있다.

① O   ② X

19 경영학·경제학 교수 또는 경제학 박사들은 경기 흐름이나 경제 상황을 잘 알기 때문에 주식 투자로 큰돈을 벌 수 있다.

① O   ② X

01강 정답/해설

01. ②   02. ②   03. ② – 주식 투자로 크게 손실을 보았다.

04. ②   05. ②   06. ②   07. ②   08. ①   09. ②   10. ②   11. ②

12. ①   13. ②   14. ①   15. ②   16. ②   17. ③   18. ②   19. ②

02강 주식 매매의 기원/변곡점의 이해

01 차트 분석 시 변곡점은 꼭짓점을 말한다.

① O　　　　　　② X

02 1700년대에도 주식 투자는 가능했다.

① O　　　　　　② X

03 큰 변곡점일수록 많은 사람이 볼 가능성이 있다.

① O　　　　　　② X

04 지지·저항선은 반드시 변곡점과 맞물린다.

① O　　　　　　② X

05 큰 변곡점일수록 지지·저항선이 될 확률이 높다.

① O　　　　　　② X

06 가격 분석에서 가장 중요한 것은 지지·저항선을 찾아내는 것이다.

① O　　　　　　② X

07 가격(기술적) 분석 방법은 한국 주식 시장에서만 적용된다.

① O　　　　　　② X

08 추세가 강할수록 지지선에서 상승할 확률이 높다.

① O　　　　　　② X

09 가격 분석은 거래량이나 거래대금이 적은 종목에서도 확률이 좋다.

① O   ② X

10 가치 투자 주식 투자 방법은 절대 손절을 놓지 않는다.

① O   ② X

11 기술적 분석의 규칙성은 미국 주식과 한국 주식은 맞지만, 유럽 주식에서는 적용되지 않는다.

① O   ② X

12 추세선을 그리는 이유는 지지·저항선을 발견하고 추세선과 가격이 맞닿은 부분에서 매수하기 위해서다.

① O   ② X

13 청소년들은 경제 지식이 없기 때문에 주식 투자를 할 수가 없다.

① O   ② X

14 도지는 시가와 종가가 같은 경우로, 매수세와 매도세가 강할 때 나타난다.

① O   ② X

15 가격이 하락할 때 지지선이 존재하고 도지가 출현하면 상승 확률이 높아진다.

① O   ② X

16 다음 차트에서 화살표(⇦)가 가리키고 있는 캔들을 무엇이라고 하는가?

① 도지   ② 이중바닥   ③ 헤드앤숄더   ④ 엘리어트 파동

17 다음은 카카오 주봉 차트다. A, B 중 변곡점 그리기를 제대로 표현한 것은 무엇인가?

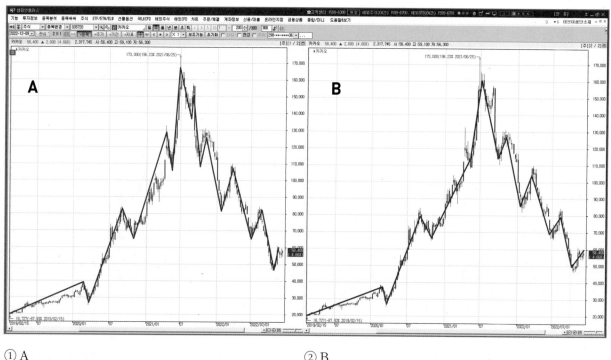

① A   ② B

18 다음은 네이버 주봉 차트다. 차트에서 변곡점을 그려보시오.

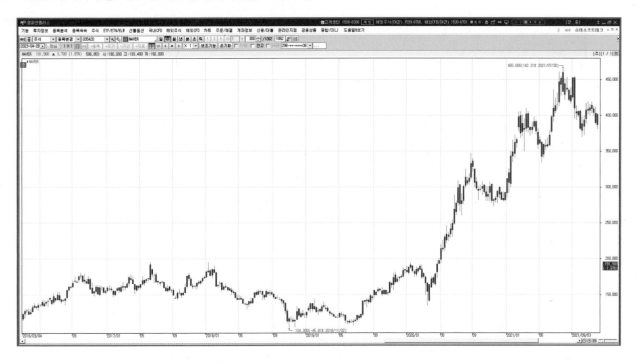

19 다음은 삼성전자 보합 국면 차트다. 틀린 설명은 무엇인가?

① 1번 수평선은 저항선이다.   ② 1번 수평선은 지지선이다.   ③ 2번 수평선은 지지선이다.

20 다음은 삼성전자 차트다. A, B 중 어느 변곡점이 더 큰지 고르시오.

① A

② B

21 다음은 삼성전자 차트다. '상승 추세'에서 추세선을 그리는 이유는 무엇인가?

① 지지선을 찾기 위해서   ② 저항선을 찾기 위해서   ③ 보합선을 찾기 위해서

22 다음은 HJ중공업 일봉 차트다. '하락 추세'에서 추세선을 그리는 이유는 무엇인가?

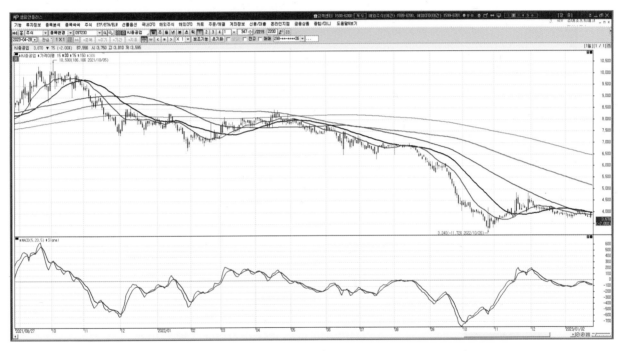

① 지지선을 찾기 위해서   ② 저항선을 찾기 위해서   ③ 보합선을 찾기 위해서

23 다음 그래프는 상승 추세에서 추세선을 그은 것이다. 동그라미 표시한 부분에서 지지가 되는 이유가 아닌 것은?

① 기존 추세를 따라가려는 성질 때문이다.

② 추세선과 가격이 맞닿은 부분에서 매수하려는 심리 때문이다.

③ 가격이 빠지면 관성의 법칙에 의해 가격이 제자리로 온다고 기대하기 때문이다.

④ 우상향 중인 상승 추세 차트에서는 반드시 상승하기 때문이다.

24 추세선을 그리는 이유로 틀린 것은 무엇일까?

① 지지·저항선을 발견하기 위해서

② 추세선과 가격이 맞닿은 부분에서 매수하기

　위해서

③ 추세를 파악하기 위해서

④ 추세선을 그리는 것이 재미있어서

02강 정답/해설

01. ①　02. ①　03. ①　04. ①　05. ①　06. ①　07. ②　08. ①
09. ②　10. ②　11. ②　12. ①　13. ②　14. ②　15. ①　16. ①
17. ①　18.

19. ② – 보합 국면에서는 고점이 저항선이 되고 저점들이 지지선이 될 확률이 높다.　20. ②　21. ①　22. ②　23. ④　24. ④

01 매수의 정석(패턴매매기법)에서 사용하는 지표가 아닌 것은?

① 이동평균선　　　② MACD
③ RSI

02 매수의 정석(패턴매매기법)에서 사용하는 지표가 아닌 것을 모두 고르시오.

① 스토캐스틱　　　② MACD
③ Rsi　　　④ 이동평균선

03 매수의 정석에서 사용하는 이동평균선의 종류는 3개다.

① O　　　② X

04 매수의 정석에서 사용하는 이동평균선이 아닌 것은?

① 15　　② 20　　③ 33
④ 75　　⑤ 150　　⑥ 300

05 매수의 정석에서 사용하는 MACD의 설정값은?

① 12, 26, 9　　② 5, 20, 5　　③ 9, 20, 5

06 매수의 정석에서 사용하는 기술적 분석에서 거래량을 보지 않는 이유는?

① 귀찮아서　　　② 선행지표가 아니라서
③ 거래량과 거래대금이 많은 대형 우량종목만 매매하기 때문에

07 이동평균선은 컴퓨터가 나오기 전에도 사용했다.

① O   ② X

08 추세선은 컴퓨터가 나오기 이전에도 사용했다.

① O   ② X

09 추세선을 그리는 이유는 무엇일까?

① 재미있어서   ② 보기 편해서

③ 지지 · 저항선을 찾기 위해서

10 이동평균선 지표 설정창이다. 기간 1, 2, 3, 4, 5에 들어갈 숫자로 알맞은 것은?

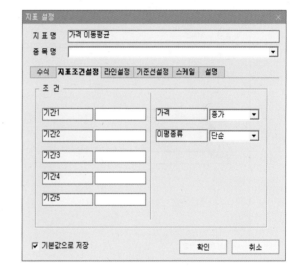

① 5-10-15-20-25   ② 5-10-20-30-40

③ 10-20-30-40-50   ④ 15-33-75-150-300

⑤ 15-30-70-100-400

11 MACD 지표 설정창이다. 빈칸 short, long, signal에 들어갈 숫자로 옳은 것은?

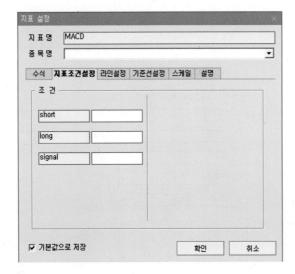

① 5-20-5　　　② 5-10-15

③ 10-20-30　　④ 15-33-75

12 추세의 종류가 아닌 것은?

① 상승　　　　② 보합　　　　③ 하락

13 매수의 정석 강의에 의하면 상승 추세와 하락 추세의 판단은 월봉 10년 이상 차트를 기준으로 판단한다.

① O　　　　　　　　② X

* 다음 3개의 차트를 보고, 문제를 풀어보시오.

A : HDC현대산업개발

B : 파크시스템스

C : 하나금융지주

14 다음 3개의 차트에서 A, B, C 중 상승 추세인 종목은?

① A   ② B   ③ C

15 다음 3개의 차트에서 A, B, C 중 하락 추세인 종목은?

① A   ② B   ③ C

16 다음 3개의 차트에서 A, B, C 중 보합 국면인 종목은?

① A   ② B   ③ C

17 LG화학과 LG디스플레이 차트다. 1, 2 중 하락 추세인 것을 고르시오.

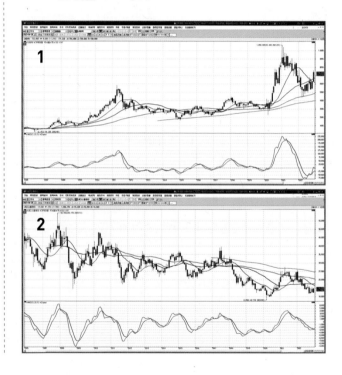

18 매수의 정석 가격 분석에서 (패턴매매기법) 상승 추세의 종목을 매매하는 이유는?

① 왠지 그래야 될 것 같기 때문에

② 기분이 좋아지기 때문에

③ 상승 확률이 좋기 때문에

19 이동평균선과 MACD 중 가격을 선행하는 지표는 없다.

① O   ② X

20 이동평균선을 영어로 올바르게 표기한 것은?

① Moving Average Line

② Mobile Average Line

③ MACD

21 MACD를 영어로 올바르게 표기한 것은?

① Moving Average Convergence Divergence

② Mobile Average Centor Disco

③ Moving Average

22 MACD는 무엇을 근간으로 만들어졌을까?

① RSI

② 이동평균선(Moving Average)

③ 스토캐스틱

④ ADI

23 이동평균선은 과거 컴퓨터가 나오기 이전에 사용되던 추세선의 일종이다.

① O   ② X

24 이동평균선과 MACD는 추세 시장에서 가장 궁합이 좋은 기술적 지표다.

① O   ② X

25 컴퓨터가 발명되고 추세선은 이동평균선으로 대체되었다.

① O   ② X

26 15일 이동평균선은 15일간의 (   )의 가격을 단순 평균한 가격이다. 빈칸에 들어갈 말은 무엇인가?

① 시가   ② 고가
③ 저가   ④ 종가

27 MACD에서 사용되는 이동평균선의 종류는?

① 단순 이동평균   ② 지수 이동평균
③ 가중 이동평균   ④ 가격 이동평균

28 MACD는 가격을 선행하는 유일한 지표다.

① O   ② X

29 MACD는 선행지표이므로 MACD만 보고 매매한다.

① O   ② X

30 가격-이동평균선-MACD 중 차트에서 움직이는 순서를 나열하시오.

① 가격 〉〉 이동평균선 〉〉 MACD

② 가격 〉〉 MACD 〉〉 이동평균선

③ MACD 〉〉 이동평균선 〉〉 가격

03강 정답/해설

01. ③ 02. ①, ③ 03. ② 04. ② 05. ② 06. ③ 07. ②
08. ① 09. ③ 10. ④ 11. ① 12. ② - 보합은 추세가 아니다.
13. ① 14. ② 15. ① 16. ③ 17. ② - 저점이 낮아지는 것은 하락
추세다. 18. ③ 19. ① 20. ① 21. ① 22. ② 23. ② 24. ①
25. ① 26. ④ 27. ② 28. ② 29. ② 30. ① - 이동평균선은 가격을 기준으로 만들어지고, MACD는 이동평균선을 기준으로 만들어진다.

01 바스켓의 뜻은 무엇인가?

① 바구니다.

② 관심 종목이다.

③ 농구에서의 골대다.

02 주식 시장에는 명확한 매수/매도에 관한 법칙 및 정의(definition)가 존재한다.

① O   ② X

03 패턴매매기법에서는 시장에서 유일한 팩트는 가격이라고 설명한다.

① O   ② X

04 매수 타이밍, 종목 선정, 위험 관리는 훈련으로 터득할 수 있다.

① O   ② X

05 청소년들은 경제 지식이나 회계 지식이 없기 때문에 주식 투자를 배우려면 성인이 될 때까지 기다려야 한다.

① O   ② X

06 상승 추세의 정의로 옳은 것은?

① 신고점이 계속 갱신된다.

② 보합 국면이다.

③ 신저점이 계속 갱신된다.

07 **수익을 낼 확률이 높은 차트의 모양은 어떤 것일까?**

① 계속 바닥을 치고 있는 차트

② 상승 추세의 차트

③ 보합 국면의 차트

08 **매수의 정석 강의 설명 중 내 관심 종목(바스켓)에 들어갈 수 없는 것은?**

① 대형 우량주

② 상승 추세 종목

③ 하루 평균 거래대금 30억 원 이상

④ 만 원 이상

⑤ 우선주

* 다음 3개의 차트를 보고, 문제를 풀어보시오.

A : SK네트웍스

B : 엔씨소프트

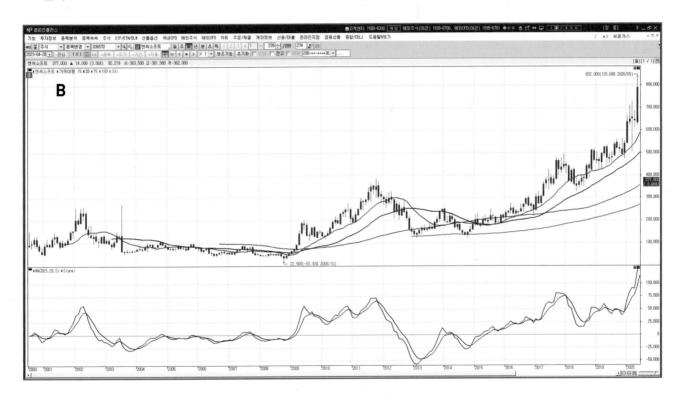

C : 신한지주

08 다음 A, B, C 중 보합 국면인 차트를 찾으시오.
(A : SK네트웍스 B : 엔씨소프트 C : 신한지주)

① A   ② B   ③ C

09 다음 A, B, C 중 하락 국면인 차트를 찾으시오.
(A : SK네트웍스 B : 엔씨소프트 C : 신한지주)

① A   ② B   ③ C

10 다음 A, B, C 중 상승 국면인 차트를 찾으시오.
(A : SK네트웍스 B : 엔씨소프트 C : 신한지주)

① A   ② B   ③ C

12 다음 중 바스켓에 들어갈 수 없는 차트 유형은?

A : 삼성SDI

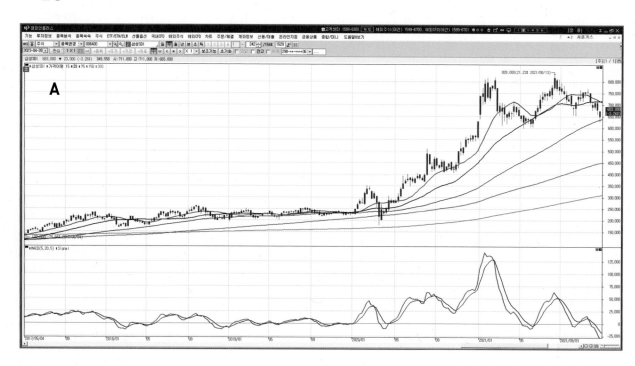

B : 디코디

① A   ② B

힌트 상승 추세 국면의 종목이 바스켓에 들어간다.

* 다음 그림은 관심 종목을 골라내는 조건식이다. (! 〉〉〉 기호는 제외 기호다)

√	지표	내용	값	삭제	▲	▼	↑	↓
☑	A	거래소/코스닥 구분:〈거래소〉	☐	X	▲	▼	↑	↓
☑	B	거래소/코스닥 구분:〈코스닥〉	☐	X	▲	▼	↑	↓
☑	C	주가범위:1일전 종가가 10000 이상 99999999 이하	☐	X	▲	▼	↑	↓
☑	D	10일 평균거래대금(단위:백만) 3000이상 9999999990이하 (〈금일제외〉)	☐	X	▲	▼	↑	↓
☑	E	〈우선주〉	☐	X	▲	▼	↑	↓

조건식	(A or B) and (C and D) and !E	▼	!	( )	(⊗)	X	?	🔀

13 A : 거래소/코스닥 구분 : 〈거래소〉는 무엇을 의미하는가?

① 거래소 종목을 넣으세요.

② 코스닥 종목을 넣으세요.

③ 거래소와 코스닥 종목을 넣으세요.

14 B : 거래소/코스닥 구분 : 〈코스닥〉은 무엇을 의미하는가?

① 거래소 종목을 넣으세요.

② 코스닥 종목을 넣으세요.

③ 거래소와 코스닥 종목을 넣으세요.

15 C : 주가 범위 : 1일 전 종가 10000 이상 99999999 이하는 무엇을 의미하는가?

① 1일 전 종가가 1만 원 이상인 모든 종목

② 1일 전 종가가 1만 원 이상이 아닌 종목

③ 1일 전 종가가 99999999 이하인 모든 종목

16 D : 10일 평균 거래대금(단위 : 100만) 3000 이상 999999999 이하는 무엇을 의미하는가?

① 10일 평균 거래대금 3,000원 이상인 종목

② 10일 평균 거래대금 3,000만 원 이상인 종목

③ 10일 평균 거래대금 30억 원 이상인 종목

17 조건식에서 !E : 〈우선주〉는 무엇을 의미하는가?

① 우선주를 관심 종목에 추가하라.

② 우선주를 관심 종목에서 제외하라.

③ 우선주를 최우선으로 보아라.

18 조건식 (A or B)는 무엇을 의미하는가?

① A와 B를 제외한 종목

② A와 B를 모두 만족하는 종목

③ A 또는 B 둘 중 하나를 만족하는 종목

19 조건식 (C and D)는 무엇을 의미하는가?

① C와 D를 모두 만족하는 종목

② C와 D 중 하나라도 만족하는 종목

③ C 또는 D를 만족하지 않는 종목

20 조건식 (A or B) and (C and D) and !E는 (거래소나 코스닥)에서 거래되고 (1일 전 종가 1만 원 이상, 10일 평균 거래대금 30억 원 이상)을 만족하는 종목 중 우선주를 제외한 것을 의미한다.

① O   ② X

05강 지지선과 저항선을 찾는 것이 매매의 전부

01 컴퓨터가 생기기 이전에도 이중바닥을 매매 타이밍 으로 사용했다.

① O   ② X

02 지지·저항선은 리스크 대비 리턴이 큰 자리이기 때 문에 스탑을 놓지 않는다.

① O   ② X

03 차트는 앞일을 맞추는 도구다.

① O   ② X

04 이중바닥에서는 100% 반등한다.

① O   ② X

05 지지선과 저항선에 대한 설명으로 옳지 않은 것은?

① 저항선이 돌파되면 지지선이 된다.

② 지지선이 붕괴되면 저항선이 된다.

③ 전고점이 돌파되면 지지선이 된다.

④ 전고점이 돌파되면 저항선이 된다.

06 다음은 POSCO홀딩스 차트다. A, B, C 중 이중바닥의 매수 타점이 되는 것은 어느 것인가?

① A   ② B   ③ C

07 위 이중바닥의 기준이 되는 왼쪽 변곡점은 어디인가?

① A   ② B   ③ C

08 다음 차트는 삼성전자다. A 수평선을 무엇이라고 하는가?

① 이중바닥   ② 전저점   ③ 전고점   ④ 추세선

09 다음 차트는 현대미포조선의 상승 추세선을 그린 것이다. 지지선이 아닌 것을 모두 고르시오.

① A   ② B   ③ C   ④ D   ⑤ E

10 다음 차트는 효성화학의 하락 추세선을 그린 것이다. A지점을 무엇이라고 하는가?

① 지지선 　　　　　　② 저항선 　　　　　　③ 추세선

11 다음은 SK하이닉스 일봉 차트다. A지점을 무엇이라고 부르는가?

① 전고점   ② 이중바닥   ③ 33일 이동평균선 지지   ④ N자형

12 다음은 SK 일봉 차트다. A지점을 무엇이라고 부르는가?

① 전고점   ② 이중바닥   ③ 33일 이동평균선 지지   ④ N자형

13 다음은 현대백화점 일봉 차트다. A지점을 무엇이라고 부르는가?

① 전고점   ② 이중바닥   ③ 헤드앤숄더   ④ N자형

14 다음은 NH투자증권 차트다. A지점을 무엇이라고 하는가?

① 갭 구간 지지선   ② 전저점   ③ 저항선   ④ 이중바닥

15 다음은 한화 차트다. A는 무엇에 지지되고 올라가는 차트 모양인가?

① 15일 이동평균선   ② 33일 이동평균선   ③ 75일 이동평균선   ④ 150일 이동평균선   ⑤ 300일 이동평균선

16 다음은 KCC 차트다. A는 무엇에 지지되고 올라가는 차트 모양인가?

① 15일 이동평균선   ② 33일 이동평균선   ③ 75일 이동평균선   ④ 150일 이동평균선   ⑤ 300일 이동평균선

01. ① 02. ② – 스탑은 항상 놓아야 함. 03. ② – 어떠한 것도 앞일을 맞출 순 없다. 04. ② 05. ④ 06. ② 07. ① – 6, 7번 : 처음 닿는 곳이 (B) 이중바닥이다. 그러므로 (A)가 기준점이 되는 왼쪽 변곡점이다.
08. ③ 09. ①, ② A와 B는 상승 추세선의 기준점이다. 10. ②
11. ④ 12. ② 13. ① 14. ① 15. ④ 16. ⑤

패턴매매기법
─ 이동평균선과 MACD 이용

01 조정 국면에는 기간 조정과 가격 조정이 있다.

① O   ② X

02 매수의 정석에서 강의하는 패턴매매기법은 조정 국면의 매매 방법이다.

① O   ② X

03 추세가 모호하다면 공학적·논리적으로 풀어서 누군가에게 설명할 수 있어야 한다.

① O   ② X

04 추세의 판단은 월봉 10년 치 이상의 차트를 보고 한다.

① O   ② X

05 일반적으로 상승 추세의 차트에서는 기간 조정, 가격 조정이 발생한다.

① O   ② X

06 패턴매매기법에서는 조정 국면이 끝나면 기존 추세 (상승 추세)가 확장되어 계속 이어진다는 가정을 하기 때문에 추세에 순응하는 매매 방법이다.

① O   ② X

07 추세 시장에 대한 설명으로 틀린 것을 고르시오.

① 추세에는 상승 추세, 하락 추세, 보합 국면이 있다.

② 상승 추세에서 상승 확률이 높다.

③ 하락 추세에서 하락 확률이 높다.

④ 보합추세란 고점이 점점 높아지는 현상을 말한다.

08 다음 중 패턴매매기법에서 말하는 조정 국면에 대한 설명으로 옳지 않은 것은?

① 조정 국면에는 기간 조정과 가격 조정이 있다.

② 기간 조정은 패턴매매기법에서 패턴 1이다.

③ 가격 조정에는 패턴 1과 패턴 3이 있다.

④ 패턴매매기법에서 패턴 2는 깊은 가격 조정을 의미한다.

09 다음의 현대차 차트를 보고 맞는 설명은?

① 우상향 차트다.　　　② 우하향 차트다.　　　③ 보합 차트다.

10 다음 사례 중 추세가 모호할 때 어찌해야 할까?

① 추세가 애매하니 매매하지 말아야겠다.

② 공학·논리적으로 풀어서 추세를 분석해봐야 겠다.

③ 추세가 애매할 때는 리스크가 클 테니 매매차 익을 노려보자.

④ 남의 눈에도 애매하게 보일 테니 나 혼자 매매 로 이득을 챙겨야겠다.

11 상승 추세 종목에서 이익을 취하는 방법으로 옳은 것은?

① 주식 매도   ② 선물 매수

③ 풋옵션 매수   ④ 콜옵션 매도

12 다음 설명 중 바스켓에 들어갈 수 있는 것을 모두 고 른 것은?

> ㄱ. 누구나 인정하는 상승 추세
> ㄴ. 상장한 지 5년밖에 안 됐지만, 상승 추세를 보인다.
> ㄷ. 일봉상 하락 추세, 월봉상 상승 추세
> ㄹ. 일봉상 상승 추세, 월봉상 하락 추세

① ㄱ   ② ㄱ, ㄴ

③ ㄱ, ㄴ, ㄷ   ④ ㄱ, ㄴ, ㄷ, ㄹ

13 다음은 포스코퓨처엠 차트다. 차트를 보고 6강의 강의 내용과 일치하는 것을 (모두) 고르시오.

① 상승 추세 종목은 너무 올랐으니 바스켓에서 제외해야겠군.

② 연일 신고점을 치고 신고점을 갱신해나가니 바스켓에 넣어야지.

③ 나중에 매매할 수 있으니 바스켓에 넣어야겠어.

④ 조정 국면 이후에 가격이 하락할 수 있으니 바스켓에서 빼야겠다.

14 다음은 삼성전자 HTS 차트다. 빈칸에 들어갈 말로 옳은 것은?

① 보조차트, 본차트   ② 본차트, 보조차트   ③ 봉차트, 바차트

07강 패턴매매기법의 이해 2

01 휴식(조정) 국면에는 두 종류가 있다.

① O　　　　　　　② X

02 한국 주식이 미국 주식보다 상승 추세가 더 좋은 편이다.

① O　　　　　　　② X

03 MACD에서 기준선은 0선이다.

① O　　　　　　　② X

04 MACD가 0선 위에 있으면 항상 상승 추세다.

① O　　　　　　　② X

05 MACD가 0선 아래 있으면 항상 하락 추세다.

① O　　　　　　　② X

06 패턴 1(기간 조정)은 일봉에서만 발생한다.

① O　　　　　　　② X

07 이동평균선이 수렴 후 발산하는 현상은 한국 주식만의 고유한 특성이다.

① O　　　　　　　② X

08 얕은 가격 조정은 MACD가 0선 근처에서 시그널선을 골든크로스를 내면서 올라가는 현상을 말하고 패턴 1이라 한다.

① O   ② X

09 다음 빈칸에 들어갈 말로 옳은 것은?

> 추세가 우상향하는 모습을 보이다가 더 이상 전고점을 뚫지 못하고 수평 형태의 15, 33, 75일 이동평균선이 수렴하는 모습을 보일 때를 (　　)이라고 한다.

① 기간 조정   ② 가격 조정
③ 세무 조정

10 패턴 3의 특징이 아닌 것은?

① 얕은 가격 조정이다.
② 33일 이동평균선 지지와 궁합이 좋다.
③ MACD가 0선 근처에 있을 때 매매하는 방법이다.
④ 깊은 가격 조정이다.

11 패턴 2에 대한 설명으로 옳지 않은 것은?

① 조정 국면 중 깊은 가격 조정이다.
② MACD가 0선 밑으로 깊게 내려온 구간을 말한다.
③ 이동평균선 3개가 한 점에서 모이는 수렴 현상이 발생한다.
④ 과매도 현상인 매수 디버전스가 발생하기도 한다.

12 다음은 현대차 차트다. 표시한 구간을 나타내는 말로 옳은 것은?

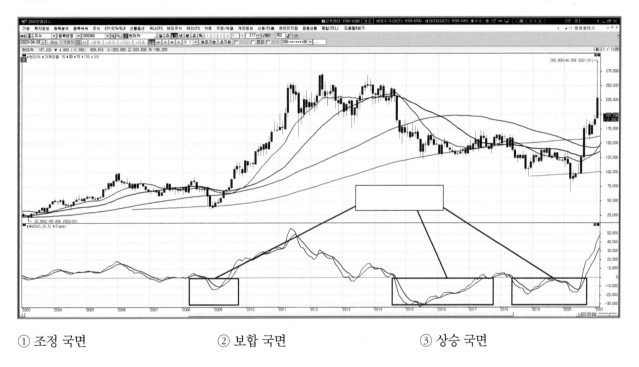

① 조정 국면   ② 보합 국면   ③ 상승 국면

13 다음 SK하이닉스 차트에서 A구간의 설명으로 맞는 것은?

① 기간 조정(패턴 1) ② 가격 조정 ③ 상승 구간 ④ 패턴 3

14 SK하이닉스 차트다. 다음 차트에서 표시한 빨간색 사각형 구간에서 나타나는 현상이 아닌 것은?

① 패턴 1 얕은 가격 조정   ② 패턴 2 깊은 가격 조정   ③ 매수 디버전스

15 다음은 KCC 차트다. A구간을 무엇이라고 하는가?

① 기간 조정(패턴 1)　　② 깊은 가격 조정(패턴 2)　　③ 얕은 가격 조정(패턴 3)

16 다음은 LG이노텍 차트다. A, B구간을 무엇이라고 하는가?

① 기간 조정(패턴 1)　　　② 깊은 가격 조정(패턴 2)　　　③ 얕은 가격 조정(패턴 3)

17 다음은 HD한국조선해양 차트다. A구간을 무엇이라고 하는가?

① 기간 조정(패턴 1)　　　② 깊은 가격 조정(패턴 2)　　　③ 얕은 가격 조정(패턴 3)

01 추세 시장에서 이동평균선은 지지·저항선 역할을 한다.

① O   ② X

02 컴퓨터가 없었을 때는 추세선이 이동평균선의 역할을 했다.

① O   ② X

03 MACD는 이동평균선과의 관계를 잘 보여주는 대표적인 선행지표다.

① O   ② X

04 MACD는 단기 이동평균선에서 장기 이동평균선을 뺀 값을 선으로 나타내 주는 보조지표다.

① O   ② X

05 상승 추세가 생성되면 MACD는 기준선 0선 아래로 잘 내려가지 않는 경향이 있다.

① O   ② X

06 얕은 가격 조정은 MACD가 0선 근처에서 시그널선을 골든크로스를 내면서 올라가는 현상을 말하고, 패턴 1이라 한다.

① O   ② X

07 다음은 브로드컴 차트다. MACD의 특성으로 옳은 것을 고르시오.

① 상승 추세에서 MACD는 0선 아래로 잘 내려가지 않는다.

② 기준선 0선 아래에 MACD가 내려가는 것은 하락 추세로 돌아서는 것이다.

③ MACD가 0선 위에 있을 때는 매수 타이밍을 잡지 못한다.

08 A는 패턴 1 구간이다.

① O   ② X

09 그림 A와 같이 상승 추세에서 MACD가 0선 근처에서 시그널선을 골든크로스 하는 현상을 무엇이라고 하는가?

① 패턴 1   ② 패턴 2   ③ 패턴 3

10 다음 삼성전자 차트를 보고 틀린 설명을 고르시오.

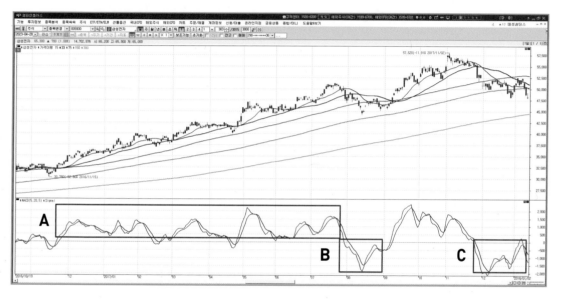

① A는 상승 추세에서의 얕은 가격 조정 구간인 패턴 3이다.

② B는 기간 조정 구간이다.

③ C는 깊은 가격 조정 구간이다.

11 다음은 차트는 삼성에스디에스 차트다. A의 지지요인으로 알맞은 것을 고르시오.

① 전고점 지지, 패턴 3

② 이중바닥, 매수 디버전스

③ 33일 이동평균선 지지, 패턴 3

④ N자형, 150일 이동평균선 지지

12 다음은 현대제철 차트다. A 구간을 뭐라고 하는가?

① 패턴 1 – 시간(기간) 조정

② 패턴 2 – 깊은 가격 조정

③ 패턴 3 – 작은 가격 조정

④ 패턴 4 – 추세 반전 국면

* 다음 NAVER 차트를 보고 A, B, C 구간이 각각 무엇인지 고르시오.

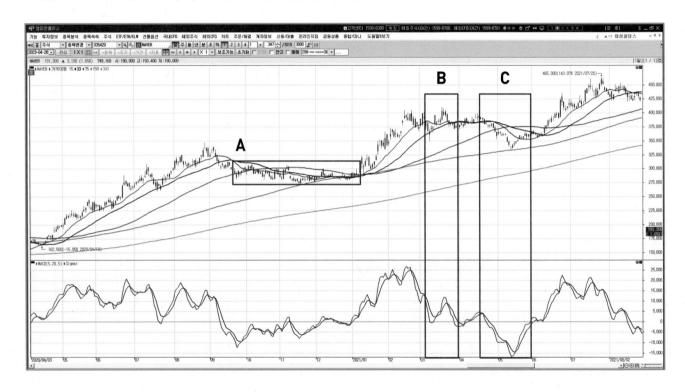

13 A구간은 무엇인가?

① 패턴 1(기간 조정)

② 패턴 2(깊은 가격 조정)

③ 패턴 3(얕은 가격 조정)

14 B구간은 무엇인가?

① 패턴 1(기간 조정)

② 패턴 2(깊은 가격 조정)

③ 패턴 3(얕은 가격 조정)

15 C구간은 무엇인가?

① 패턴 1(기간 조정)

② 패턴 2(깊은 가격 조정)

③ 패턴 3(얕은 가격 조정)

08강 정답/해설

01. ① 02. ① 03. ② - MACD는 추세지표다. 가격을 선행하는 보조 지표는 없다. 04. ① 05. ① 06. ② - 패턴 1은 기간 조정이다. 07. ① - 기준선 0선 아래에 오는 것은 하락 추세로 돌아서는 것이 아니라 깊은 가격 조정인 패턴 2 구간이 대부분이다. 08. ② - A는 MACD 가 0선 위에서 33일 이동평균선 지지를 받는 패턴 3 구간이다. 9. ③ 10. ② 11. ③ 12. ① 13. ① 14. ③ 15. ②

깊은 가격 조정(패턴 2)의
이해와 매수 타이밍

01 이중바닥은 반드시 지지된다.

① O   ② X

02 이중바닥에 맞닿은 다음 날에도 매수 타이밍이 발생할 수 있다.

① O   ② X

03 이중바닥은 패턴 2 깊은 가격 조정에서만 나타난다.

① O   ② X

04 정의가 없는 주식 시장에서는 나만의 매매 원칙과 기준을 정하는 것이 가장 중요하다.

① O   ② X

05 오늘 하루 차트의 모양을 보면 내일 도지가 나올 것을 예측할 수 있다.

① O   ② X

06 당일 시가와 종가가 같으면 도지가 된다.

① O   ② X

07 도지에 대한 설명으로 올바르지 않은 것은?

① 도지를 통해 변곡의 징후를 알 수 있다.

② 지지선과 함께 나오면 변곡 확률이 높아진다.

③ 도지는 매수와 매도의 충돌이 강하다는 의미다.

④ 일론 머스크(Elon Musk)가 처음 고안한 용어다.

08 이중바닥의 반대 현상은 무엇이라 하는가?

① 헤드앤숄더

② 더블탑

③ 매수 디버전스

09 이중바닥에 닿지 않은 종목을 매수하지 않는 이유는?

① 마음의 준비가 아직 덜 되어서

② 올라갈지, 떨어질지 알 수 없기 때문에

③ 이중바닥은 크게 떨어져야 상승 확률이 높기 때문에

④ 왼쪽 변곡 기준점에 닿아야 이중바닥의 조건을 충족하기 때문에

10 다음은 NAVER 차트다. A, B, C, D 중 도지가 아닌 것은?

① A   ② B   ③ C   ④ D

11 다음은 카카오 차트다. A, B, C 중 도지를 고르시오.

① A   ② B   ③ C

12 다음은 HD한국조선해양 차트다. 차트에 대한 설명으로 옳은 것을 고르시오.

① A변곡점은 이중바닥과 도지가 동시에 나온 매수 타이밍이다.

② 패턴 1 구간이다.

③ 전고점과 150일 이동평균선 지지가 함께 나왔다.

13 다음은 S-O의 차트다. 동그라미 한 곳을 기준이라고 했을 때, 이중바닥을 그리는 방향으로 옳은 것은?

① A   ② B   ③ C

14

다음은 JYP 차트다. 이중바닥 2개가 동시에 만족하는 구간이다. A, B 중 어느 곳에서 매수해야 할까?

① A   ② B

15 다음은 SM 차트다. A가 이중바닥이라고 했을 때 a, b, c 중 기준점은 무엇인가?

① a   ② b   ③ c

16 다음은 퀴델오서(QDEL) 차트다. A지점은 어떤 지지요인이 있을까?

① 이중바닥   ② 이중바닥 + 이동평균선 지지   ③ 이중바닥 + 매수 디버전스

01. ②   02. ① – 이중바닥은 하루만 볼 것이 아니라 며칠 정도 더 지켜

볼 수 있다.

03. ②   04. ①   05. ②   06. ①   07. ④   08. ②   09. ④   10. ①

11. ② – A와 C는 시가와 종가가 다르므로 도지 차트가 아니다.   12. ①

13. ③ – 이중바닥은 왼쪽 기준점(변곡점)에서 오른쪽으로 수평선을 그

어 표시한다.   14. ②

15. ① – A가 이중바닥일 때 기준점은 A다.

16. ③ – 매수 디버전스는 이중바닥에서도 성립한다.

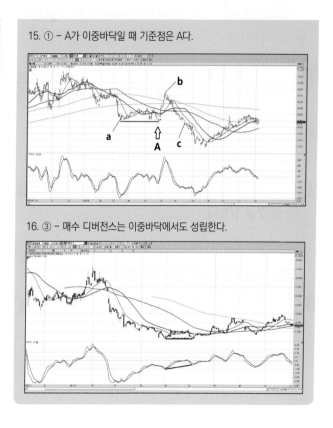

01 이중바닥(Double Bottom)이란, 현재의 가격이 이전 의미 있는 변곡점과 같아지는 지점이다.

① O   ② X

02 도지는 캔들에서 꼬리 길이의 합이 몸통의 길이보다 긴 것을 말한다.

① O   ② X

03 도지는 다른 지지선과 함께 나올 때보다 혼자 나올 때 변곡될 확률이 높다.

① O   ② X

04 지지선에서 매수를 한다면, 반대로 저항선에선 매도를 할 수도 있다.

① O   ② X

05 이중바닥의 반대 현상을 무엇이라고 하는가?

① 전고점

② 더블탑(Double Top)

③ 헤드앤숄더

06 다음 SK 차트처럼 변곡점을 그릴 때, 이중바닥은 몇 개인가?

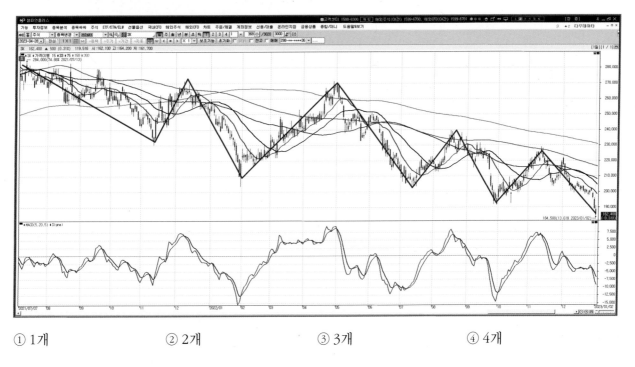

① 1개 ② 2개 ③ 3개 ④ 4개

07 다음은 삼성전자 차트다 A, B, C 중 이중바닥은 무엇인가?

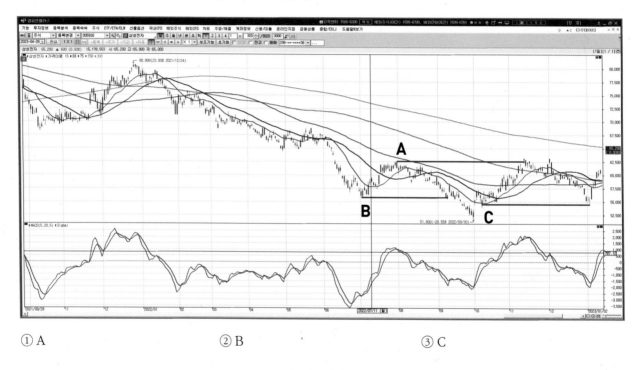

① A   ② B   ③ C

08 다음은 SK이노베이션 차트다. A, B, C 중 이중바닥의 매수 타점이 맞는 것은?

① A   ② B   ③ C

09 다음은 SM 차트다. A, B, C 중 이중바닥은 무엇인가?

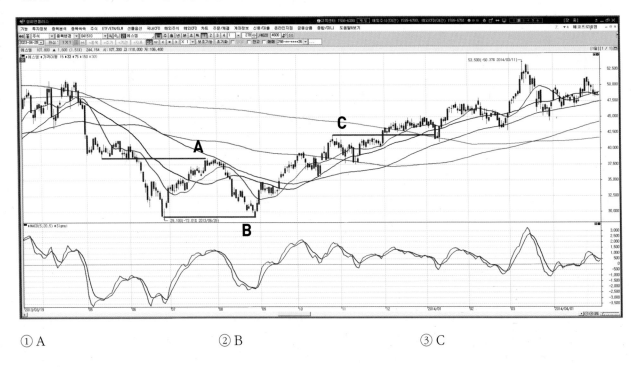

① A   ② B   ③ C

10 다음은 SM 차트다. A, B, C 중 더블탑이 맞는 것을 고르시오.

① A   ② B   ③ C

11 다음은 LG디스플레이 차트다. 밑줄 친 곳의 매수 타점은 무엇인가?

① 이중바닥

② 이중바닥 + 매수 디버전스 가능성

③ 이중바닥 + 이동평균선 지지

12 다음은 롯데케미칼 차트다. 밑줄 친 곳의 매매 타점은 무엇인가?

① 더블탑   ② 더블탑 + 이동평균선 저항   ③ 더블탑 + 매도 디버전스 가능성

13 이중바닥이 실패한 케이스를 함께 찾는 이유는 무엇일까?

① 이중바닥은 실패할 수 있으니까 매수하지 않기 위해서

② 실제 주식 시장에서 손실(지지선 하락 돌파)이 났을 때, 대응 방법을 준비할 수 있기 때문에

③ 이중바닥이 실패하면 물타기 하기 위해서

14 **화살표로 표시한 곳을 기준점이라고 했을 때, 현시점에서 매수할 수 있는 종목은 무엇인가?**

A : 현대모비스

B : 대한항공

C : 이마트

① A   ② B   ③ C

15 다음은 DB손해보험 차트다. 현시점에서 매수할 수 있을까?

① 매수할 수 있다.　　　　　② 매수할 수 없다.

16 다음은 펩시코(PEP) 차트다. 설명 중 올바르지 못한 것은?

① 깊은 가격 조정을 잘 받지 않는다.

② 한국 주식보다 상승 추세가 강하다.

③ 이중바닥이 나오는 빈도가 적다.

④ 상승 추세가 강해 스탑 없이 매매해도 된다.

17 다음은 엔씨소프트 차트다. A지점의 매수 이유는 무엇인가?

① 이중바닥

② 이중바닥 + 이동평균선 지지

③ 이중바닥 + 매수 디버전스

④ 이중바닥 + 이동평균선 지지 + 매수 디버전스

18 다음은 현대모비스 차트다. A지점의 매수 이유는 무엇인가?

① 이중바닥

② 이중바닥 + 이동평균선 지지

③ 이중바닥 + 매수 디버전스

④ 이중바닥 + 이동평균선 지지 + 매수 디버전스

19 다음 차트는 엔씨소프트 차트다. A지점의 매수 이유는 무엇인가?

① 이중바닥

② 이중바닥 + 이동평균선 지지

③ 이중바닥 + 매수 디버전스

④ 이중바닥 + 이동평균선 지지 + 매수 디버전스

01. ① 　02. ① 　03. ② 　04. ① 　05. ② 　06. ④ – 차트 이중바닥은 4개다.

07. ② 　08. ② 　09. ② 　10. ③ 　11. ② – 이중바닥과 매수 디버전스 가능성이 있는 매수 타점으로 이중바닥에서 지지되고 매수 디버전스가 완성되며 상승하는 모습을 보여준다.

12. ③ – 더블탑의 저항을 받고 매도 디버전스를 만들며 가격이 빠진 모습

13. ② 　14. ① 　15. ① – 현시점에서 볼 때 왼쪽 기준점에 이중바닥 지지선과 매수 디버전스 가능성이 있으므로 매수해볼 수 있다.

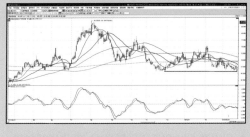

16. ④ 　17. ② 　18. ③ 　19. ④

01 매수 디버전스란, 가격이 떨어지는데 MACD 변곡점은 오히려 상승하는 현상을 말한다.

① O   ② X

02 지지요인이 1개일 때보다 2개일 때 상승 확률이 더 높아질 수 있다.

① O   ② X

03 이중바닥과 매수 디버전스는 항상 같이 발생한다.

① O   ② X

04 매수 디버전스는 이중바닥이 있을 때만 발생한다.

① O   ② X

05 이중바닥과 매수 디버전스가 같이 나타나면 상승 확률이 줄어든다.

① O   ② X

06 매수 디버전스는 하락 국면에서 과매수되는 현상을 말한다.

① O   ② X

07 다음 중 매수 디버전스가 성립할 조건이 아닌 것은?

① MACD선은 기준선인 0선을 넘어도 된다.

② 시그널선은 기준선인 0선을 넘어도 된다.

③ 골든크로스가 한 번 이상 나와야 한다.

08 다음은 LIG넥스원 차트다 A, B 중 매수 디버전스 현상이 아닌 것은?

① A   ② B

09 다음은 두산 차트다. A, B, C 중 매수 디버전스 성립조건을 만족하는 것은?

① A   ② B   ③ C

10 다음은 한화 차트다. A, B 중 매수 디버전스로 옳은 것을 고르시오.

① A   ② B

11 다음은 삼성SDI 차트다. A지점의 현상을 올바르게 설명한 것은 무엇인가?

① 가격이 하락하면서 MACD 보조지표가 상승하는 매도 디버전스가 발생했다.

② MACD가 시그널선을 돌파하는 매수 디버전스의 완성인 골든크로스가 나타났다.

③ 가격이 하락할 것이라고 기대된다.

12 다음은 유한양행 차트다. 기준점 A에서 이중바닥을 그린 것이다. 이에 대한 설명으로 옳은 것은?

① 꼭짓점 A, C 모두 이중바닥에 해당한다.

② 꼭짓점 B는 이중바닥이지만, C는 이중바닥이 아니다.

③ 수평선 AB는 매수 디버전스가 만들어지지 않으므로 이중바닥이 아니다.

13 다음은 애플(AAPL) 차트다. A지점의 매수 요인은 무엇인가?

① 이중바닥

② 매수 디버전스

③ 이중바닥 + 이동평균선 지지

④ 이중바닥 + 매수 디버전스

14 다음은 컴캐스트(CMCSA) 차트다. A, B, C 중 이중바닥으로 옳은 것을 고르시오.

① A   ② B   ③ C

15 다음은 인텔(INTC) 차트다. A, B, C 중 매수 디버전스가 맞는 것을 고르시오.

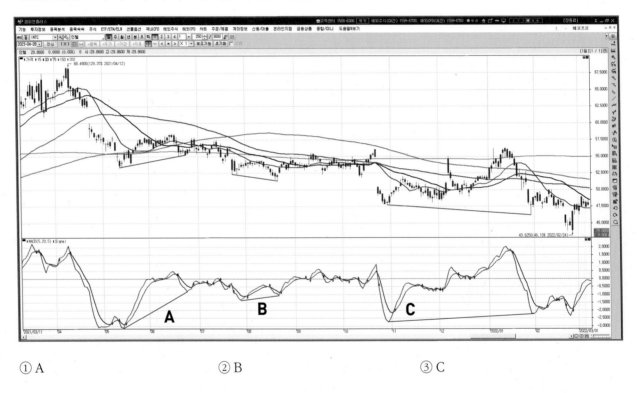

① A   ② B   ③ C

01. ①　02. ①　03. ②　04. ②　05. ②　06. ②　07. ② – 시그널선은 기준선인 0선을 넘으면 안 됨.　08. ① – A는 자연스러운 MACD 모양이고, B가 매수 디버전스다.　09. ②　10. ② – 매수 디버전스란 두 변곡점에서 가격은 하락하는데, 동일 구간 MACD의 두 변곡점은 상승하는 현상이다. A는 매수 디버전스가 아니라 정상적인 MACD 움직임이다. 매수 디버전스는 대표적인 과매도 국면의 현상이고, 지지선과 어울려 매수 타이밍에 활용한다.　11. ② – A는 골든크로스 현상으로 MACD가 시그널선을 상향 돌파할 때를 말한다.　12. ①　13. ① – 매수 디버전스 충족요건을 만족하지 못해 A는 이중바닥만을 지지요인으로 하고 있다.

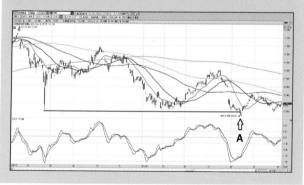

14. ①　15. ② – A는 가격이 오를 때 MACD가 오르므로 정상적인 움직임이다. B는 가격이 빠질 때 MACD 변곡점은 오르므로 비정상적인 움직임인 매수 디버전스다. C는 가격이 빠졌을 때 MACD 변곡점은 올랐으나 MACD가 기준선 0선을 넘어서 매수 디버전스 조건을 충족하지 못함.

01 매수 디버전스의 개념에 대해서 미국 주식과 중국 주식, 일본 주식에서도 공통의 규칙성을 적용할 수 있다.

① O   ② X

02 매수 디버전스만으로도 매매할 수 있다.

① O   ② X

03 이중바닥에 아직 닿지 않았을 때 마음가짐으로 틀린 것은?

① 미리 매수한다.

② 이중바닥에 닿을 때까지 기다린다.

③ 매매하지 않는다.

04 다음 차트는 테슬라(TSLA) 차트다. A, B, C, D 중 매수 디버전스가 맞는 것을 모두 고르시오.

① A   ② B   ③ C   ④ D

05 A가 매수 디버전스가 되지 않는 이유는?

① 시그널선이 0선 위에 있기 때문에

② MACD선이 0선 위에 있기 때문에

③ 가격이 낮아질 때 MACD 변곡점은 높아져서

06 D가 매수 디버전스가 되지 않는 이유는?

① 시그널선이 0선 위에 있기 때문에

② MACD선이 0선 위에 있기 때문에

③ 가격이 낮아질 때 MACD 변곡점도 낮아져서

④ 가격이 낮아질 때 MACD 변곡점은 높아져서

07 다음은 리제네론(REGN) 차트다. A지점은 이중바닥이 맞을까?

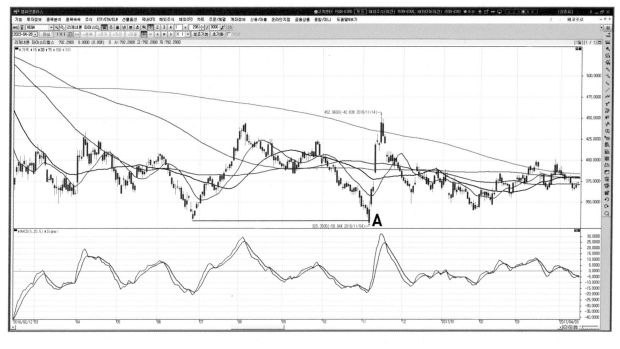

① O   ② X

08 다음은 애플(AAPL) 차트다. A구간의 지지요인은 몇 개인가?

① 0개   ② 1개   ③ 2개   ④ 3개

09 다음은 어도비(ADBE) 차트다. A의 지지요인은 몇 개인가?

① 0개 　　　　　 ② 1개 　　　　　 ③ 2개 　　　　　 ④ 3개

10 다음은 어도비(ADBE) 차트다. A지점의 매수 근거를 골라보시오.

① 이중바닥　　　　② 전고점　　　　③ 매수 디버전스　　　　④ 전저점

11 전저점은 매수 포인트로 활용을 잘 하지 않지만, 10번 차트에서는 매수 타점으로 이용한다. 이유는 무엇인가?

① 딱히 매매할 기준점이 없어서

② 전고점이기 때문에

③ 전저점이긴 하지만, 누가 봐도 큰 변곡점으로 보이기 때문에

12

다음은 AMD(AMD) 차트다. A지점은 매수 디버전스일까?

① O   ② X

13   12번에 대한 이유는 무엇인가?

① 가격이 낮아질 때 MACD 변곡점은 높아져서

② 가격이 낮아질 때 MACD 변곡점도 낮아져서

14 다음은 암젠(AMGN) 차트다. A지점은 매수 디버전스일까?

① O   ② X

15 **14번 답에 대한 이유는 무엇인가?**

① 시그널선이 0선 위에 있기 때문에

② MACD선이 0선 위에 있기 때문에

③ 가격이 낮아질 때 MACD 변곡점도 낮아져서

④ 가격이 낮아질 때 MACD 변곡점은 높아져서

16 다음은 마이크론테크놀로지(MU) 차트다.

다음 차트처럼 변곡점을 그렸을 때, A, B, C, D 중 이중바닥이 될 수 있는 것을 모두 고르시오.

① A   ② B   ③ C   ④ D

01. ① 02. ② – 매수 디버전스는 다른 지지요인과 함께 나타날 때 사용 가능하다. 03. ① 04. ②, ③ 05. ① 06. ③ 07. ① O – 이중바닥보다 약간 아래 있어도 이중바닥으로 본다. 단, 이중바닥에 처음 닿은 하루 또는 이틀 정도만 본다. 08. ④ – 이중바닥 매수 디버전스, 150일 이동평균선 지지 09. ② – 이중바닥만을 지지선으로 하고 있다.

10. ④ 11. ③ – 전저점이지만, 큰 변곡점이기 때문에 매수해볼 수 있다.

12. ② 13. ② 14. ① 15. ④ 16. ②, ③, ④ – A는 이중바닥이 아니라 전저점이다.

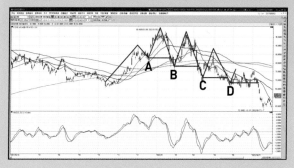

얕은 가격 조정의 이해와 매수 타이밍
– 상위 차트(일봉)와 하위 차트(60분봉)를 이용

01 다음은 에코프로비엠 일봉 차트다. 전고점의 매수 타이밍이 맞는 것은?

① 1　　　　　　② 2　　　　　　③ 3

02 다음은 LG전자 일봉 차트다. 다음 중 전고점의 매수 타이밍이 맞는 것은?

① 1   ② 2   ③ 3

03 다음은 LG화학 일봉 차트다. 다음 중 전고점의 매수 타이밍이 맞는 것은?

① 1   ② 2   ③ 3

다음은 SK 일봉 차트다. 다음 중 전고점의 매수 타이밍이 아닌 것은?

① 1   ② 2   ③ 3

05 다음은 대한유화 일봉 차트다. 동그라미 친 전고점과 일치하는 매수 타이밍을 직접 찾아보라.

06 다음은 삼성SDI 일봉 차트다. 다음 차트에서, A는 (전저점 / 전고점)의 (매수 / 매도) 타이밍, B는 (전저점 / 전고점)의 (매수 / 매도) 타이밍이다.

다음은 삼성전자 일봉 차트다. 다음 차트에서, 전고점의 매수 타이밍이 아닌 것은?

① 1   ② 2   ③ 3

08 다음은 하나투어 일봉 차트다. 동그라미 친 전고점과 일치하는 매수 타이밍을 직접 찾아보라.

09 다음은 한국가스공사 일봉 차트다. 다음 중 전저점의 매도 타이밍이 맞는 것은?

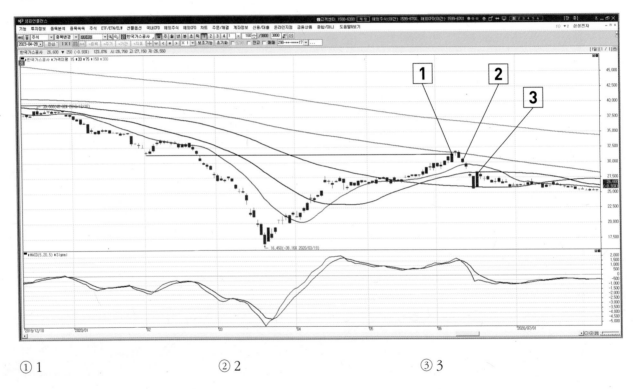

① 1   ② 2   ③ 3

10 다음 중 전고점의 매수 타이밍이 아닌 것을 고르시오.

①

②

* 다음은 애널로그 디바이시스(ADI) 일봉 차트다. 질문에 답하시오.

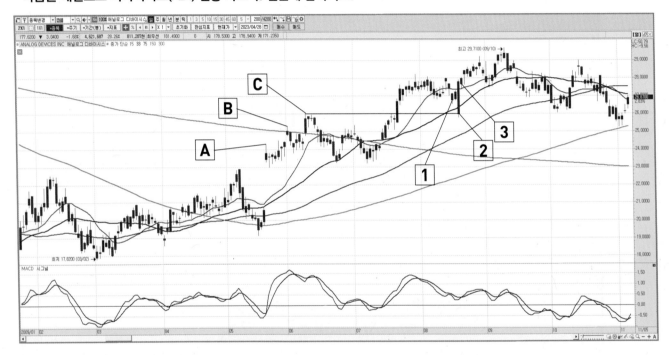

11 다음 차트에서 전고점의 매수 타이밍으로 알맞은
것은?

① 1 　　　　② 2 　　　　③ 3

12 다음 차트에서 매수 타이밍의 이전 고점으로 알맞은
것은?

① A 　　　　② B 　　　　③ C

* 다음은 스타벅스(SBUX) 일봉 차트다. 질문에 답하시오.

13 다음 차트에서 전저점의 매도 타이밍으로 알맞은
것은?

① 1 　　　　② 2 　　　　③ 3

14 다음 차트에서 매도 타이밍의 이전 저점으로 알맞은
것은?

① A 　　　　② B 　　　　③ C

01. ① 02. ② 03. ① 04. ①

05.

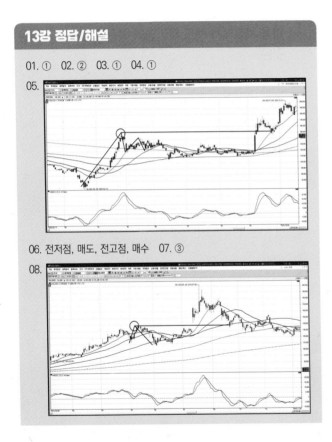

06. 전저점, 매도, 전고점, 매수 07. ③

08.

09. ① 10. ③ 11. ② 12. ③ 13. ① 14. ①

01 전고점이 돌파되면 지지선이 된다.

① O   ② X

02 전고점이 돌파되면 저항선이 된다.

① O   ② X

03 지지선상에서 가격이 하락하면 손절매를 통해 시장에서 빠져나와야 한다.

① O   ② X

04 하락 국면에서 도지가 출현함과 동시에 지지선도 존재한다면, 상승 국면으로 바뀔 확률이 높다.

① O   ② X

05 상승 국면에서 도지가 출현함과 동시에 저항선도 존재한다면, 하락 국면으로 바뀔 가능성이 크다.

① O   ② X

06 다음 중 전고점에 해당되는 매수 타이밍이 아닌 것은?

①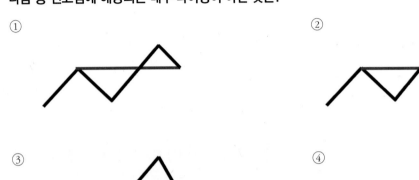

②

③

④

07 다음은 엑슨 모빌(XOM) 일봉 차트다. 다음 중 전고점의 매수 타이밍이 아닌 것은?

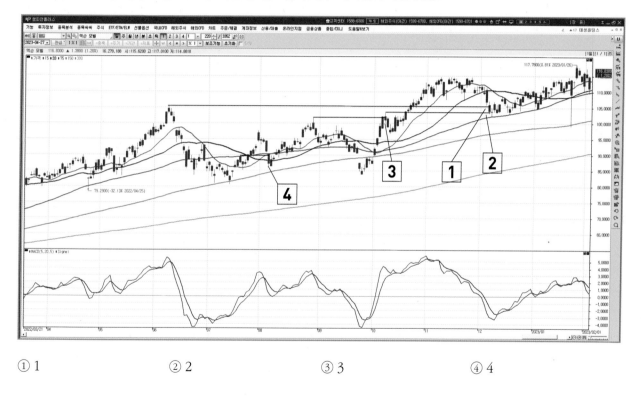

① 1   ② 2   ③ 3   ④ 4

08 다음은 에드워즈 라이프사이언시스(EW) 일봉 차트다. 다음 중 전고점이 아닌 것은?

① 1   ② 2   ③ 3

09 다음은 셀라니즈 코퍼레이션(CE) 일봉 차트다. 다음 중 전고점의 매수 타이밍은 몇 번인가?

① 1   ② 2   ③ 3

10 다음은 오토존(AZO) 일봉 차트다. 다음 중 전고점의 매수 타이밍은 몇 번인가?

① 1   ② 2   ③ 3

11 다음은 에섹스 프라퍼티 트러스트(ESS) 일봉 차트다. 다음 중 전고점의 매수 타이밍은 몇 번인가?

① 1   ② 2   ③ 3

12 다음은 엑스트라 스페이스 스토리지(EXR) 일봉 차트다. 동그라미 친 전고점 매수 타이밍에서 이전 고점에 해당되는 것은?

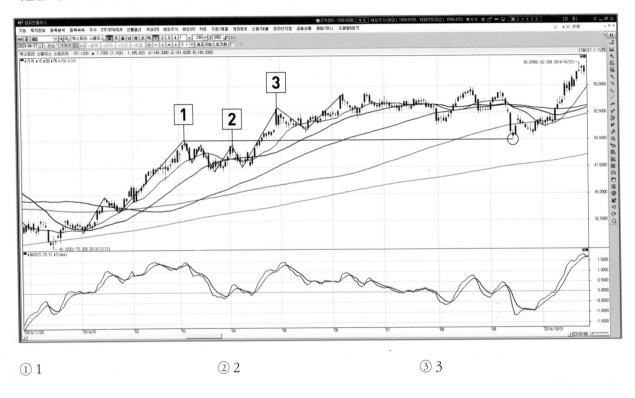

① 1   ② 2   ③ 3

13 다음은 파이어니어 내추럴 리소시스(PXD) 일봉 차트다. 전고점의 매수 타이밍 중 틀린 것은?

① 1   ② 2   ③ 3

14 다음은 레즈메드(RMD) 일봉 차트다. 전고점의 매수 타이밍으로 맞는 것은?

① 1   ② 2   ③ 3

01 상승 추세일 때는 MACD가 0선을 기준으로 0선 위에서 형성되어 0선 아래로 잘 내려가지 않는 특성이 있다.

① O   ② X

02 조정 국면은 시간 조정과 가격 조정의 2가지로 나뉜다.

① O   ② X

03 얕은 가격 조정인 P3은 33일 이동평균선과 함께 매수 타이밍을 잡는다.

① O   ② X

04 다음은 셔윈 윌리엄스(SHW) 일봉 차트다. 얕은 가격 조정인 패턴 3의 매수 타이밍으로 알맞지 않은 것은?

① 1   ② 2   ③ 3

다음은 컨스텔레이션 브랜즈(STZ) 일봉 차트다. MACD 패턴 3의 형태가 아닌 것은?

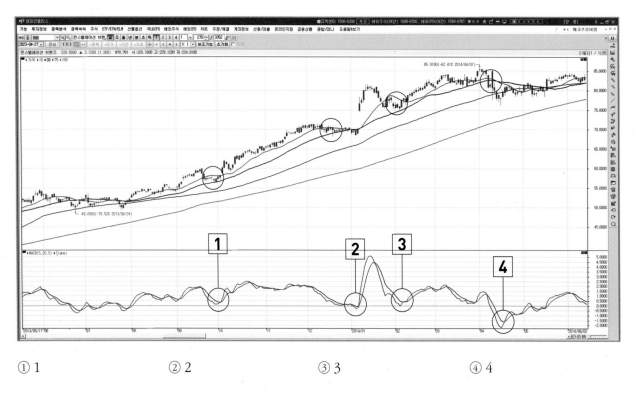

① 1　　　② 2　　　③ 3　　　④ 4

06 다음은 유니버셜 헬스 서비스(UHS) 일봉 차트다. 패턴 3의 매수 타이밍으로 옳은 것은?

① 1   ② 2   ③ 3

다음은 비자(V) 일봉 차트다. 패턴 3의 매수 타이밍으로 옳지 않은 것은?

① 1   ② 2   ③ 3

08 다음의 비자 일봉 차트에 표시된 부분은 33일 이동평균선의 매수 타이밍이다. 해당 타이밍의 MACD 패턴을 표시해보라.

09 다음은 애플(AAPL) 일봉 차트다. 동그라미 친 MACD 패턴 3의 매수 타이밍이 보인다. 33일 이동평균선과 겹치는 매수 타이밍은 어디인지 차트에 표시해보라.

* 다음은 테슬라 일봉 차트다. 질문에 답하시오.

10 A는 33일 이동평균선(P3)과 (① 이중바닥 / ② 전고점 / ③ 매수 디버전스)가 겹치는 매수 타이밍이다.

11 B는 33일 이동평균선(P3)과 (① 이중바닥 / ② 전고점/ ③ 더블탑)이 겹치는 매수 타이밍이다.

01. ① 02. ① 03. ① 04. ③ 05. ④ 06. ② – 33일 이동평균선에 처음 닿을 때가 매매 타이밍이다. 07. ② 08. – MACD 패턴 3의 모습이 보인다.

9. – 33일 이동평균선과 맞물리는 지점이 매수 타이밍이다.

10. ① 11. ②

CHAPTER

05

깊은 가격 조정의 이해와
매수 타이밍
– 상위 차트(일봉)와 하위 차트(60분봉)를 이용

* 다음 차트는 HL만도 일봉 차트다. 다음 질문에 답하시오.

01 일봉에 표시된 지지선은 어떤 지지선인가?

① 매수 디버전스   ② 전고점

③ 이중바닥   ④ 150일 이동평균선

02 차트에서 이중바닥의 기준인 왼쪽 변곡점(A)은 2022/10/17의 봉이다. 이 봉의 어느 가격이 이중바닥의 기준가격이 될까?

① 시가 : 41,400   ② 고가 : 42,350

③ 저가 : 40,850   ④ 종가 : 42,300

* 다음은 HL만도 일봉 / 60분봉 차트다. 질문에 답하시오.

03 왼쪽 일봉 차트에서 이중바닥의 매수 타점인 날짜는 2022/12/29이다. 이때 오른쪽 60분봉에서 파란색 수평선(40,850)은 오른쪽 일봉 차트의 이중바닥 기준 봉이다. 이 기준 봉은 어떤 가격을 의미하는가?

① 고가   ② 저가

③ 종가   ④ 15일 이동평균선

04 오른쪽 차트는 기준가격을 터치했을 시 매수 타이밍을 잡기 위한 60분봉 차트다. 기준가인 40,850원을 12/29에 터치하고, MACD 골든크로스가 발생하는 지점이 매수 타점이다. 그렇다면 어떤 봉이 매수 타점이 될까?

① A   ② B   ③ C

05 매수 타점을 찾아서 매수했다면 손절 라인은 어디일까?

① 1   ② 2

06 A에서 매수했다면 60분봉상에서 손절은 어디에 놓아야 할까?

① 매수한 봉의 저가

② 60분봉 MACD 골든크로스 이전 최저가

   (이전 저점)

③ C

* 다음은 신세계 일봉 차트다. 질문에 답하시오.

07 일봉에 표시된 지지선은 어떤 지지선인가?

① 패턴 1　　　　　　② 전고점

③ 300일 이동평균선　④ 이중바닥

08 차트에서 매수 타이밍인 부분은 어디인가?

① A　　　　　　　　② B

09 차트에서 이중바닥의 기준인 왼쪽 변곡점(A)은 2022/07/15의 봉이다. 이 봉의 어느 가격이 이중바닥의 기준가격이 될까?

① 시가 : 212,000　　② 고가 : 212,500

③ 종가 : 209,000　　④ 저가 : 205,500

10 표시된 지지선의 매수 타이밍에는 6가지 매수 타이밍 중 어떤 지지요인이 더 있을까?

① 75일 이동평균선　② 매수 디버전스

③ 33일 이동평균선　④ 150일 이동평균선

11 왼쪽 일봉 차트에서 이중바닥의 매수 타점인 날짜는 2022/11/28이다. 이때 오른쪽 60분봉에서 파란색 수평선(205,500)은 어떤 가격을 의미하는가?

① 저가
② 시가
③ 고가
④ 전고점

12 오른쪽 차트는 기준가격을 터치했을 시 매수 타이밍을 잡기 위한 60분봉 차트다. 기준가인 205,500원을 11/28에 터치하고, MACD 골든크로스가 발생하는 지점이 매수 타점이다. 그렇다면 어떤 봉이 매수 타점이 될까?

① 1
② 2
③ 3

13 매수 타점을 찾아서 매수했다면 손절 라인은 어디일까?

① C
② D

14 A에서 매수했다면 60분봉상에서 손절은 어디에 놓아야 할까?

① 매수한 봉의 고가
② 60분봉 MACD 골든크로스 이전 최저가(이전 저점)
③ 210,000원
④ 매수한 봉의 종가

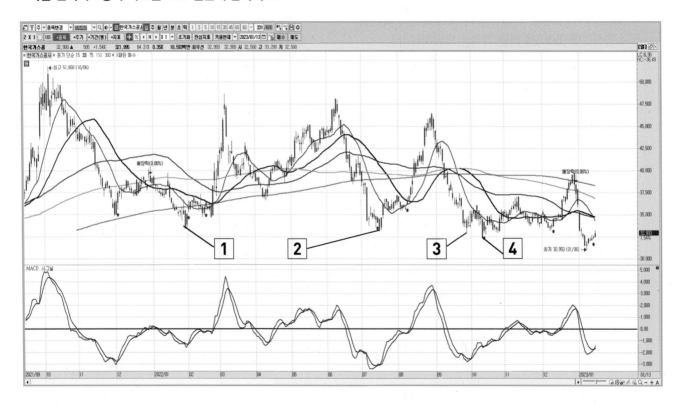

15 **4번 봉은 2가지 지지요인이 있는 매수 타점이다. 보기 중 옳은 것을 모두 고르시오.**

① 매수 디버전스 가능성　　　　　　　② 이중바닥

③ 패턴 3　　　　　　　　　　　　　　④ N자형

16 이중바닥은 W 패턴으로도 불리는데, 2번 봉 지지선이 되는 왼쪽의 기준이 되는 변곡점은 몇 번인가?

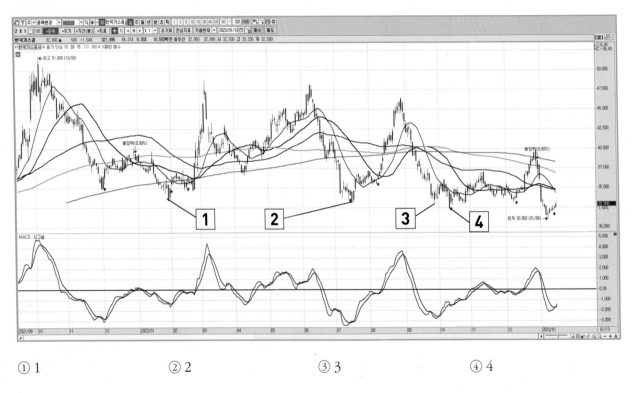

① 1   ② 2   ③ 3   ④ 4

01. ③　02. ③ - 저가 : 40,850원 이중바닥의 기준이 되는 가격은 저가다.

03. ②　04. ①　05. ①　06. ②　07. ④　08. ②　09. ④　10. ②

11. ①　12. ③ - 기준가 터치 이후 골든크로스가 나는 부분인 3번이 매수 타이밍이다.　13. ②　14. ②　15. ①, ②　16. ①

01 지지선이 충족되는 날에 60분봉 골든크로스가 나와야 매수가 가능하다.

① O   ② X

02 지지선이 충족되는 첫째 날 60분 차트에서 골든크로스가 발생하는 경우도 있고, 두 번째 날에 골든크로스가 발생하는 경우도 있다.

① O   ② X

03 지지선이 충족되고 60분봉에서 골든크로스가 발생한다면 항상 가격은 상승한다.

① O   ② X

04 변곡이 될 확률이 크다고 생각되면, 지지선이 닿은 다음 날까지도 지켜봐야 한다.

① O   ② X

05 가격이 올라갈 때 30~40%를 이익 실현한 후 2차 매도 뒤에 손절을 반드시 매수가 이상으로 올려놓는다면, 손해는 작고 이익을 확보하는 좋은 전략이 발생하게 될 것이다.

① O   ② X

06 지지선이 충족되지 않은 날 60분 차트에서 골든크로스가 발생해도 매수 타이밍으로 볼 수 있다.

① O   ② X

07 매수 후 가격이 상승한다면, 더 이상 이익 실현은 하지 않아도 된다.

① O   ② X

08 일봉에서 나오는 매수 타이밍은 필요조건이고, 60분봉에서 나오는 매수 타이밍은 충분조건이다.

① O   ② X

* 다음은 아폴로 글로벌 매니지먼트(APO) 일봉 / 60분봉 차트다. 질문에 답하시오.

09 일봉에 표시된 지지선은 어떤 지지선인가?

① 전고점   ② 패턴 3   ③ N자형   ④ 이중바닥

10 이중바닥의 기준인 왼쪽 변곡점은 (A : 2022/06/22)의 봉이다. A봉의 어느 가격이 이중바닥의 기준가격이 될까?

① 시가 : 49.3400   ② 고가 : 49.3400   ③ 저가 : 49.9701   ④ 종가 : 46.7800

이중바닥 기준점에 처음 닿은 날인 2022/10/13의 60분봉 차트에서, 매수 타이밍으로 알맞은 부분은?

① 1   ② 2   ③ 3

힌트 기준가는 46.9701이므로 기준가격에 닿고, 60분봉상 골든크로스가 나는 부분은 1번 부분이다.

2022/10/13

B가 매수 타이밍일 때, 손절 라인은 어디인가?

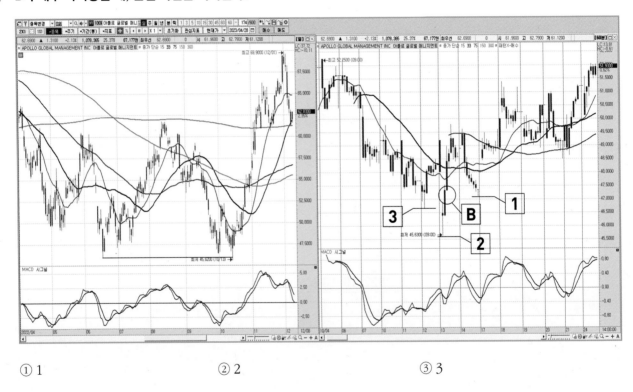

① 1   ② 2   ③ 3

* 다음은 스테이트 스트리트(STT) 일봉 차트다. 질문에 답하시오.

13 일봉에 표시된 지지선(A)은 어떤 지지선인가?

① 이중바닥   ② 전고점   ③ N자형   ④ 패턴 3

14 표시된 지지선의 매수 타이밍에는 6가지 매수 타이밍 중 어떤 지지요인이 더 있을까?

① 매수 디버전스

② 150일 이동평균선

③ 33일 이동평균선

④ 전고점

15 이 차트에서 동그라미 친 이중바닥의 기준인 왼쪽 변곡점은 2022/07/14의 봉이다. 이 봉의 어느 가격이 이중바닥의 기준가격이 될까?

① 시가 : 59.4300

② 고가 : 60.1700

③ 저가 : 58.7950

④ 종가 : 59.8400

16 이중바닥 기준점에 처음 닿은 날인 2022/10/13의 60분봉 차트에서, 매수 타이밍으로 알맞은 부분은?

2022/10/13

① 1   ② 2   ③ 3

01. ② 02. ① 03. ② 04. ① 05. ① 06. ② 07. ② 08. ①

09. ④ 10. ③ - 저가/49.9701 이중바닥의 기준은 이전 저점의 '저가'다.

11. ① - 기준가는 46.9701이므로 기준가격에 닿고, 60분봉상 골든크로스가 나는 부분은 1번 부분이다.

12. ② - 45.6300 이전 저점의 한 틱 아래가 손절이니 45.62000이 스탑이다. 13. ① - 이중바닥

14. ①

15. ③ 16. ② - 이중바닥의 기준가격은 58.79500이다 58.7950을 처음 치고 60분봉에서 골든크로스가 난 부분은 2번이 된다.

* 다음은 ISC 일봉 차트다. 질문에 답하시오.

01 지지선 B의 지지요인으로 옳은 것을 모두 고르시오.

① 150일 이동평균선　② 전고점

③ 300일 이동평균선　④ 이중바닥

02 차트에서 이중바닥의 기준인 왼쪽 변곡점(A)의 어느 가격이 이중바닥의 기준가격이 될까?

① 시가 : 30,750　② 종가 : 30,400

③ 고가 : 30,800　④ 저가 : 30,100

* 다음은 ISC 일봉 / 60분봉 차트다. 질문에 답하시오.

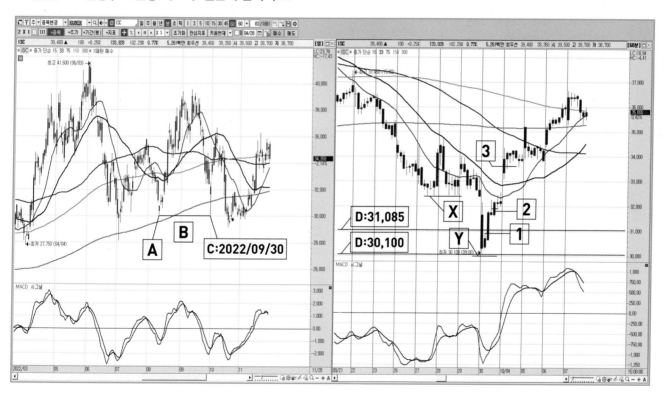

03 왼쪽 일봉 차트에서 매수 타점인 날짜는 C : 2022/09/30이다. 이때 오른쪽 60분봉에서 D(31,085)는 어떤 가격을 의미하는가?

① 300일 이동평균선(31,085) 기준가격

② 15일 이동평균선(35,900) 기준가격

③ 75일 이동평균선(34,200) 기준가격

④ 33일 이동평균선(36,000) 기준가격

04 왼쪽 일봉 차트에서 매수 타점인 날짜는 C : 2022/09/30이다. 이때 오른쪽 60분봉에서 E(30,100)는 어떤 가격을 의미하는가?

① 전고점(29,500) 기준가격

② 300일 이동평균선(31,085) 기준가격

③ 15일 이동평균선(34,000) 기준가격

④ 이중바닥(30,100) 기준가격

05 오른쪽 차트는 기준가격을 터치했을 시 매수 타이밍을 잡기 위한 60분봉 차트다. 기준가를 09/30에 터치하고 MACD 골든크로스가 발생하는 지점이 매수 타점이다. 그렇다면 어떤 봉이 매수 타점이 될까?

① 1　　　　② 2　　　　③ 3

06 매수 타점을 찾아서 매수했다면 손절 라인은 어디일까?

① X　　　　　　　② Y

* 다음은 하이록 코리아 일봉 차트다. 질문에 답하시오.

07 B봉은 2가지 이상의 지지요인이 있는 매수 타점이다. 보기 중 옳은 것을 모두 고르시오.

① 이중바닥　　　　② 전고점

③ 매수 디버전스　　④ 150일 이동평균선

08 A봉은 (　)봉의 이전 고점에 해당한다. (　) 안에 들어갈 말로 알맞은 것은?

① B　　　　② C

③ D　　　　④ E

09 보기 중 매수 디버전스가 나타나는 매수 타점을 모두 고르시오.

① B　　　　② C

③ D　　　　④ E

10 E봉의 지지요인으로 알맞은 것을 모두 고르시오.

① 이중바닥　　　　② 300일 이동평균선

③ 150일 이동평균선　④ N자형 지지

⑤ 매수 디버전스

* 다음은 앞에서 출제했던 하이록 코리아 일봉 / 60분봉 차트다. 질문에 답하시오.

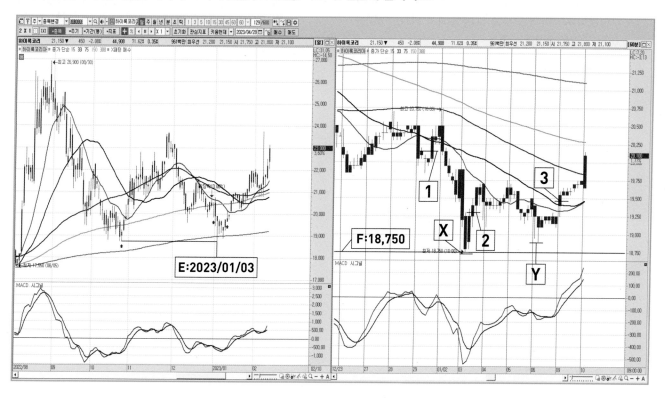

E:2023/01/03

F:18,750

11 왼쪽 일봉 차트에서 매수 타점인 날짜는 E : 2023/ 01/03이다. 이때 오른쪽 60분봉에서 F(18,750)는 어떤 가격을 의미하는가?

① 150일 이동평균선(15,250) 기준가격

② 300일 이동평균선(18,500) 기준가격

③ 75일 이동평균선(19,000) 기준가격

④ 이중바닥(18,750) 기준가격

12 오른쪽 차트는 기준가격을 터치했을 시 매수 타이밍을 잡기 위한 60분봉 차트다. 기준가를 01/03에 터치하고, MACD 골든크로스가 발생하는 지점이 매수 타점이다. 그렇다면 어떤 봉이 매수 타점이 될까?

① 1   ② 2   ③ 3

13 매수 타점을 찾아서 매수했다면, 손절 라인은 어디일까?

① X   ② Y

01. ③, ④   02. ④   03. ①   04. ④   05. ②   06. ②

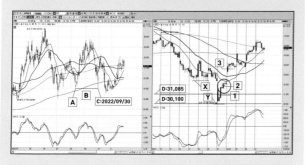

07. ①, ③, ④   08. ②   09. ①, ③, ④   10. ①, ②, ⑤

11. ④ - 이중바닥(18,750) 기준가격   12. ②   13.①

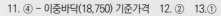

* 다음은 노스롭 그루만 (NOC) 일봉 차트다. 질문에 답하시오.

01 지지선 A의 지지요인으로 옳은 것을 모두 고르시오.

① 이중바닥   ② 300일 이동평균선

③ 150일 이동평균선   ④ 전고점

02 차트에서 이중바닥의 기준인 왼쪽 변곡점(B)의 어느 가격이 이중바닥의 기준가격이 될까?

① 시가 : 475.5250   ② 고가 : 485.8500

③ 저가 : 464.2800   ④ 종가 : 483.6900

03 C의 매수 타이밍에서는 지지요인이 2가지다. 그렇다면 매수 후 상승 확률은 높아질 수 있다.

① O   ② X

* 다음은 노스롭 그루만(NOC) 일봉 / 60분봉 차트다. 다음 질문에 답하시오.

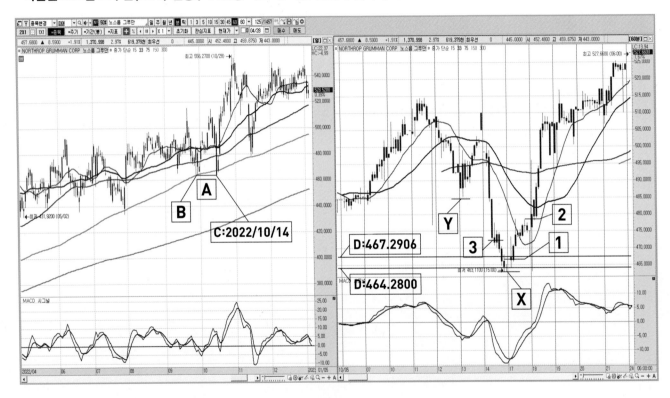

04 앞의 차트와 같이 지지요인이 2가지 이상 동시에 존재한다면, 확률적으로 상승 확률이 높아질 수도 있다.

① O   ② X

05 왼쪽 일봉 차트에서 매수 타점인 날짜는 C : 2022/10/14이다. 이때 오른쪽 60분봉에서 D(467.2906)는 어떤 가격을 의미하는가?

① 150일 이동평균선(467.2906) 기준가격

② 300일 이동평균선(423.2833) 기준가격

③ 75일 이동평균선(478.4320) 기준가격

④ 33일 이동평균선(485.0112) 기준가격

08 매수 타점을 찾아서 매수했다면 손절 라인은 어디일까?

① X   ② Y

06 왼쪽 일봉 차트에서 매수 타점인 날짜는 C : 2022/10/14이다. 이때 오른쪽 60분봉에서 E(464.2800)는 어떤 가격을 의미하는가?

① 이중바닥(464.2800) 기준가격

② 전고점(465.2210) 기준가격

③ 300일(423.2833) 기준가격

④ 15일 이동평균선(485.5940) 기준가격

07 오른쪽 차트는 기준가격을 터치했을 시 매수 타이밍을 잡기 위한 60분봉 차트다. 기준가를 10/14에 터치하고, MACD 골든크로스가 발생하는 지점이 매수 타점이다. 그렇다면 어떤 봉이 매수 타점이 될까?

① 1   ② 2   ③ 3

* 다음은 애브비(ABBV) 일봉 차트다. 질문에 답하시오.

09 매수 타이밍인 B의 지지요인으로 옳은 것을 모두 고르시오.

① 150일 이동평균선   ② 전고점

③ 이중바닥   ④ 300일 이동평균선

10 차트에서 이중바닥의 기준인 왼쪽 변곡점(A)의 어느 가격이 이중바닥의 기준가격이 될까?

① 시가 : 134.6400   ② 저가 : 134.1000

③ 고가 : 138.5900   ④ 종가 : 138.4500

11 이중바닥의 기준가격은 134.1000, 300일 이동평균선의 기준가격은 135.5679다. 다음 중 옳은 설명을 고르시오.

① 지지선이 겹치면 상승 확률이 현저히 낮아진다.

② 이중바닥과 이동평균선 지지가 있으면 손절의 크기가 더욱 커진다.

③ 지지선이 여래 개 겹친다면 아주 강하게 상승한다.

④ 이중바닥과 이동평균선 지지가 있을 때, 두 기준가격에 모두 도달하면 매매하는 것이 좋다.

* 다음은 다이아몬드백 에너지(FANG) 일봉 / 60분봉 차트다. 다음 질문에 답하시오.

12. 왼쪽 일봉 차트에서 매수 타점인 날짜는 B : 2023/01/04이다. 이때 오른쪽 60분봉에서 C(130.3800)은 어떤 가격을 의미하는가?

① 150일 이동평균선(135.3000)

② 33일 이동평균선(143.3000)

③ 300일 이동평균선(130.3800)

④ 전고점(138.2200)

13. 왼쪽 일봉 차트에서 매수 타점인 날짜는 B : 2023/01/04이다. 오른쪽 60분봉에서 D(129.4900)은 어떤 가격을 의미하는가?

① 전고점(139.4500)

② 이중바닥(129.4900)

③ N자형(130.8900)

④ 매수 디버전스(125.3000)

14. 오른쪽 차트는 기준가격을 터치했을 때 매수 타이밍을 잡기 위한 60분봉 차트다. 기준가를 01/04에 터치하고, MACD 골든크로스가 발생하는 지점이 매수 타점이다. 그렇다면 어떤 봉이 매수 타점이 될까?

① 1   ② 2   ③ 3

15. 매수 타점을 찾아서 매수했다면 손절 라인은 어디일까?

① X   ② Y

전고점 등의 매수 타이밍
- 상위 차트(일봉)와 하위 차트(60분봉)를 이용

01 전고가 돌파되고 최초로 닿는 지점이 매수 타이밍이다.

① O   ② X

02 지지선이 가까운 범위 내에서 겹치게 되면 아래에 있는 지지선을 기준으로 매매를 준비해야 한다.

① O   ② X

03 6가지 매수 타이밍이 발생하면 거의 항상 가격은 상승한다.

① O   ② X

04 기준가 터치 후 60분봉에서 골든크로스가 발생하면 매수 타이밍으로 사용한다.

① O   ② X

05 60분봉에서 매수 타이밍이 발생 후 손절에 매도되어도 한 번 더 매수를 시도해볼 만하다.

① O   ② X

* 다음은 유나이티드 에어라인스 홀딩스(UAL) 일봉 차트다. 질문에 답하시오.

06 다음 중 매수 타이밍 B : 2022/11/03은 어떤 지지선이 존재하는지 모두 고르시오.

① 전고점(40.2600)

② 이중바닥(40.5555)

③ 15일 이동평균선(40.5900)

④ 150일 이동평균선(45.6220)

07 앞의 차트에서 전고점의 기준인 변곡점(A)의 어느 가격이 전고점 기준가격이 될까?

① 시가 : 39.6000

② 저가 : 39.1100

③ 고가 : 40.2600

④ 종가 : 39.2200

* 다음은 유나이티드 에어라인스 홀딩스(UAL) 일봉 / 60분봉 차트다. 질문에 답하시오.

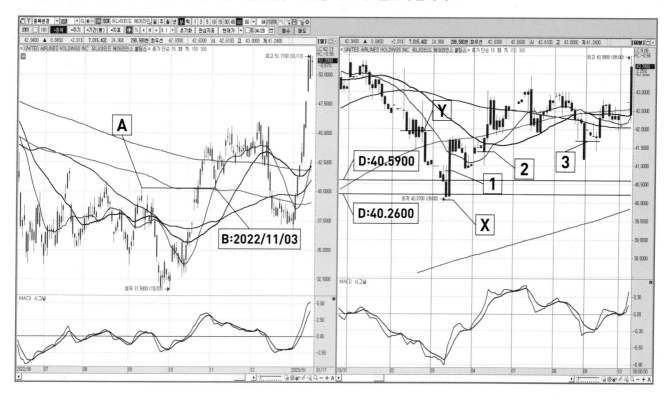

08 왼쪽 일봉 차트에서 매수 타점인 날짜는 B : 2022/11/03이다. 이때 오른쪽 60분봉에서 C(40.5900)는 어떤 가격을 의미하는가?

① 15일 이동평균선(40.5900)

② 33일 이동평균선(41.5900)

③ 300일 이동평균선(45.5500)

④ 전고점(40.2600)

09 왼쪽 일봉 차트에서 매수 타점인 날짜는 B : 2022/11/03이다. 이때 오른쪽 60분봉에서 D(40.2600)는 어떤 가격을 의미하는가?

① 전고점(40.2600)

② 이중바닥(40.9900)

③ N자형(41.2200)

④ 매수 디버전스(40.5600)

10 오른쪽 차트는 기준가격을 터치했을 시 매수 타이밍을 잡기 위한 60분봉 차트다. 기준가를 11/03에 터치하고, MACD 골든크로스가 발생하는 지점이 매수 타점이다. 그렇다면 어떤 봉이 매수 타점이 될까?

① 1   ② 2

③ 3

11 매수 타점을 찾아서 매수했다면 손절 라인은 어디일까?

① X   ② Y

* 다음은 코카콜라 콘솔리데이트(COKE) 일봉 차트다. 질문에 답하시오.

12 다음 중 매수 타이밍 B : 2022/11/02는 어떤 지지선이 존재하는지 모두 고르시오.

① 이중바닥(405.4055)

② 150일 이동평균선(455.8220)

③ 전고점(458.6600)

④ 15일 이동평균선(458.4700)

13 앞의 차트에서 전고점의 기준인 변곡점(A)의 어느 가격이 전고점 기준가격이 될까?

① 시가 : 430.9600

② 저가 : 430.9600

③ 고가 : 458.6600

④ 종가 : 457

* 다음은 코카콜라 콘솔리데이티드(COKE) 일봉 / 60분봉 차트다. 질문에 답하시오.

14 왼쪽 일봉 차트에서 매수 타점인 날짜는 B : 2022/11/02다. 이때 오른쪽 60분봉에서 C(458.6600)는 어떤 가격을 의미하는가?

① 33일 이동평균선(460.3000)

② 150일 이동평균선(462.0211)

③ 이중바닥(455.2200)

④ 15일 이동평균선(458.6600)

15 오른쪽 차트는 기준가격을 터치했을 때, 매수 타이밍을 잡기 위한 60분봉 차트다. 기준가를 11/02에 터치하고, MACD 골든크로스가 발생하는 지점이 매수 타점이다. 그렇다면 어떤 봉이 매수 타점이 될까?

① 1   ② 2

③ 3

16 매수 타점을 찾아서 매수했다면 손절 라인은 어디일까?

① X   ② Y

20강 정답/해설

01. ①   02. ①   03. ②   04. ①   05. ①   06. ①, ③

07. ③ - 고가 : 40.2600   08. ① - 15일 이동평균선(40.5900)

09. ① - 전고점(40.2600)   10. ①   11. ①   12. ③, ④

13. ③ - 고가 : 458.6600   14. ④ - 15일 이동평균선(458.4700)

15. ①   16. ②

* 다음은 셈프라 에너지(SRE) 일봉 차트다. 질문에 답하시오.

01 다음 중 전고점의 매수 타이밍으로 알맞은 것은?

① 1　　　　② 2　　　　③ 3

02 전고점의 매수 타이밍에서 하나의 지지선이 더 보인다. 알맞은 것은?

① 150일 이동평균선　　② 300일 이동평균선

③ 이중바닥　　　　　　④ 매수 디버전스

* 다음은 타겟(TGT) 일봉 차트다. 질문에 답하시오.

03 앞 차트의 하단에 MACD가 0선 근처에서 다시 상승하는 특성을 보여준다. 이러한 현상을 무엇이라고 부를까?

① 패턴 1   ② 패턴 2

③ 패턴 3   ④ 패턴 4

04 앞의 차트에서 33일 이동평균선 지지선 지지와 함께 MACD가 0선 근처에서 다시 시그널선을 골든크로스 하며 상승하는 경향이 있다. 이러한 모습이 보일 때 상승 확률은?

① 높아진다.   ② 낮아진다.

* 다음은 콴타 서비스(PWR) 일봉 차트다. 질문에 답하시오.

05 매수 타이밍인 B의 지지요인으로 옳은 것을 모두 고르시오.

① 150일 이동평균선   ② 전고점

③ 이중바닥   ④ 300일 이동평균선

06 앞의 차트에서 전고점의 기준인 왼쪽 변곡점(A)의 어느 가격이 전고점의 기준가격이 될까?

① 시가 : 133.1600

② 저가 : 131.6750

③ 고가 : 135.9900

④ 종가 : 133.4200

* 다음은 콴타 서비스(PWR) 일봉 / 60분봉 차트다. 다음 질문에 답하시오.

07 왼쪽 일봉 차트에서 매수 타점인 날짜는 B : 2023/01/05이다. 이때 오른쪽 60분봉에서 C(137.3546)는 어떤 가격을 의미하는가?

① 전고점(135.9900)

② 300일 이동평균선(128.2210)

③ 150일 이동평균선(137.3546)

④ N자형(138.8854)

08 왼쪽 일봉 차트에서 매수 타점인 날짜는 B : 2023/01/05다. 이때 오른쪽 60분봉에서 D(135.9900)는 어떤 가격을 의미하는가?

① 전고점(135.9900)

② 이중바닥(134.1000)

③ N자형(138.8854)

④ 매수 디버전스(139.3546)

09 오른쪽 차트는 기준가격을 터치했을 때 매수 타이밍을 잡기 위한 60분봉 차트다. 기준가를 01/05에 터치하고 MACD 골든크로스가 발생하는 지점이 매수 타점이다. 그렇다면 어떤 봉이 매수 타점이 될까?

① X   ② Y

10 매수 타점을 찾아서 매수했다면 손절 라인은 어디일까?

① 1   ② 2   ③ 3

11 오른쪽 차트는 기준가격을 터치했을 때 매수 타이밍을 잡기 위한 60분봉 차트다. 기준가를 01/05에 터치하고, MACD 골든크로스가 발생하는 지점이 매수 타점이다. 그렇다면 실제로 매수를 한 날짜는 언제인가?

① 2023/01/04   ② 2023/01/05

③ 2023/01/06   ④ 2023/01/09

* 다음은 GKL 일봉 차트다. 질문에 답하시오.

A:2023/01/12

01 A의 매수 타이밍은 6가지 매수 타점 중 어떤 매수 타점에 해당되는가?

① 패턴 3

② 전고점

③ 이중바닥

④ 150일 이동평균선 지지

02 A의 매수 타이밍은 어떤 이동평균선 지지를 받는가?

① 15일 이동평균선   ② 33일 이동평균선

③ 75일 이동평균선   ④ 150일 이동평균선

03 다음 차트에서 33일 이동평균선의 기준가격은 18,195원이다. 기준가격을 처음 터치하는 부분은 몇 번 봉인가?

① 1   ② 2   ③ 3

* 다음은 GKL 일봉 / 60분봉 차트다. 질문에 답하시오.

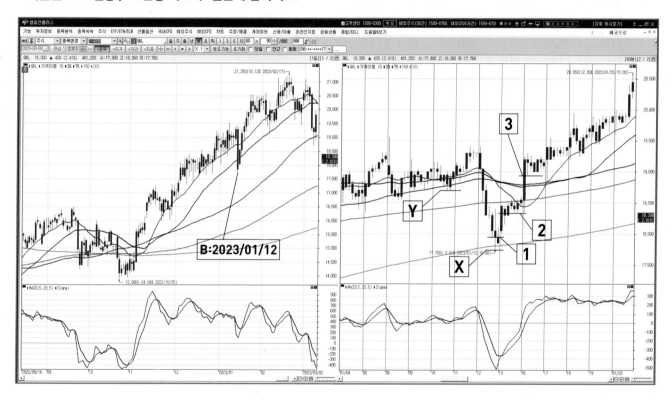

04 오른쪽 차트는 기준가격을 터치했을 때 매수 타이밍을 잡기 위한 60분봉 차트다. 기준가를 01/12에 터치하고, MACD 골든크로스가 발생하는 지점이 매수 타점이다. 그렇다면 어떤 봉이 매수 타점이 될까?

① 1　　　　　　　② 2

③ 3

05 매수 타점을 찾아서 매수했다면 손절 라인은 어디일까?

① X　　　　　　　② Y

06 기준가를 처음 터치한 날은 2023/01/12다. 매수 날짜는 언제인가?

① 2023/01/11　　　② 2023/01/12

③ 2023/01/13　　　④ 2023/01/14

07 기준가격을 터치한 날에 반드시 매수 타이밍이 발생한다.

① O　　　　　　　② X

08 다음은 기아 일봉 차트다. 다음 중 33일 이동평균선 지지 – 패턴 3의 형태가 아닌 것을 짝지은 것은?

① 1-2   ② 2-5   ③ 2-3   ④ 4-6

09 다음은 현대해상 일봉 차트다. A의 매수 타이밍의 지지선으로 옳게 짝지어진 것은?

① 75일 이동평균선 - 이중바닥

② 150일 이동평균선 - 이중바닥

③ 33일 이동평균선 - 패턴 3

④ 33일 이동평균선 - 패턴 2

* 다음은 현대해상 일봉 / 60분봉 차트다. 질문에 답하시오.

A:2023/03/24

10 위 차트에서 33일 이동평균선의 기준가는 33,254원이다. 오른쪽 60분봉 차트에서 33일 이동평균선의 기준가격을 가장 처음 터치한 부분은 어디인가?

① 1　　　　　② 2　　　　　③ 3

11 기준가를 2023/03/24에 터치하고, MACD 골든크로스가 발생하는 지점이 매수 타점이다.
기준가를 터치하고 MACD 골든크로스가 발생하는 부분은 어디인가?

① X　　　　　　　　② Y

* 다음은 현대해상 일봉 / 60분봉 차트다. 질문에 답하시오.

12 기준가를 터치하고 MACD 골든크로스 발생 이후 B
에서 매수했다면, 손절 라인은 어디인가?

① 1   ② 2   ③ 3

13 현대해상의 경우, 기준가를 터치하고, 어느 날짜에
매수 타이밍이 나왔는가?

① 2023/03/20   ② 2023/03/25

③ 2023/03/24   ④ 2023/03/29

22강 정답/해설

01. ① - 패턴 3   02. ② - 33일 이동평균선   03. ①   04. ②   05. ①
06. ③ - 2023/01/13   07. ② - 기준가를 터치하고 60분봉에서 골든크
로스가 발생하는 것은 그 경우마다 다르다.   08. ②   09. ③ - 33일 이
동평균선 - 패턴 3   10. ②   11. ①   12. ②   13.③

01 다음은 엣시 일봉 차트다. 보기 중 33일 이동평균선 지지 – 패턴 3의 매수 타이밍이 아닌 것을 고르시오.

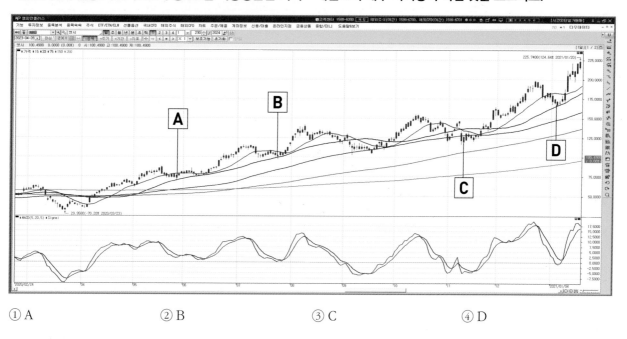

① A   ② B   ③ C   ④ D

* 다음은 엣시 일봉 차트다. 질문에 답하시오.

02 A의 지지요인으로 알맞은 것을 모두 고르시오.

① 전고점   ② 이중바닥

③ 33일 이동평균선   ④ N자형

03 B의 지지요인으로 알맞은 것을 모두 고르시오.

① 전고점   ② 33일 이동평균선

③ 이중바닥   ④ 15일 이동평균선

04 다음은 넷플릭스 일봉 차트다. A의 지지요인으로 옳게 짝지은 것은?

① 전고점 - 75일 이동평균선

② N자형 첫 번째 이동평균선 - 전고점

③ 150일 이동평균선 - 이중바닥

④ 33일 이동평균선 - 전고점

* 다음은 오토존 일봉 차트다. 질문에 답하시오.

05 매수 타이밍인 B의 지지요인으로 옳은 것을 모두 고르시오.

① 150일 이동평균선(2365.2210)

② 전고점(2362.2400)

③ 이중바닥(2345.2200)

④ 33일 이동평균선(2345.7082)

06 앞의 차트에서 전고점의 기준인 왼쪽 변곡점(A)의 어느 가격이 전고점의 기준가격이 될까?

① 시가 : 2279.4300   ② 저가 : 2279.4300

③ 고가 : 2362.2400   ④ 종가 : 2329.5200

* 다음은 오토존 일봉 / 60분봉 차트다. 질문에 답하시오.

07 왼쪽 일봉 차트에서 매수 타점인 날짜는 B : 2022/11/11이다. 이때 오른쪽 60분봉에서 C(2362.2400)는 어떤 가격을 의미하는가?

① 전고점(2362.2400)

② 75일 이동평균선(2360.2000)

③ 150일 이동평균선(2366.2100)

④ N자형(2368.2100)

08 왼쪽 일봉 차트에서 매수 타점인 날짜는 B : 2022/11/11이다. 이때 오른쪽 60분봉에서 D(2345.7082)는 어떤 가격을 의미하는가?

① 300일 이동평균선(2366.2000)

② 이중바닥(2364.1000)

③ 33일 이동평균선(2345.7082)

④ 매수 디버전스(2360.2000)

09 오른쪽 차트는 기준가격을 터치했을 때 매수 타이밍을 잡기 위한 60분봉 차트다. 기준가를 01/05에 터치하고, MACD 골든크로스가 발생하는 지점이 매수 타점이다. 그렇다면 어떤 봉이 매수 타점이 될까?

① 1   ② 2   ③ 3

10 매수 타점을 찾아서 매수했다면 손절 라인은 어디일까?

① X   ② Y

11 오른쪽 차트는 기준가격을 터치했을 때 매수 타이밍을 잡기 위한 60분봉 차트다. 기준가를 01/11에 터치하고, MACD 골든크로스가 발생하는 지점이 매수 타점이다. 그렇다면 실제로 매수한 날짜는 언제인가?

① 2022/11/10   ② 2022/11/11

③ 2022/11/12   ④ 2022/11/13

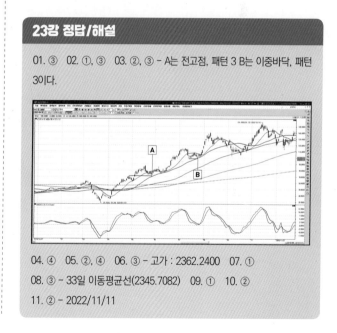

23강 정답/해설

01. ③   02. ①, ③   03. ②, ③ - A는 전고점, 패턴 3 B는 이중바닥, 패턴 3이다.

04. ④   05. ②, ④   06. ③ - 고가 : 2362.2400   07. ①

08. ③ - 33일 이동평균선(2345.7082)   09. ①   10. ②

11. ② - 2022/11/11

CHAPTER
07

시간(기간) 조정의 이해와
장기 투자용 매수 시점

01 패턴 1 현상은 우상향하는 상승 추세에서만 발생한다.

① O   ② X

02 패턴 1은 15, 33, 75, 150, 300일 이동평균선 모두가 수렴해야 한다.

① O   ② X

03 가격이 신고점을 돌파하지 못하고 시간이 흐르게 되면, 이동평균선들이 우상향하지 못하고 수평 형태를 보이게 된다. 이러한 국면을 무엇이라고 할까?

① 상승 국면   ② 보합/횡보 국면

③ 하락 국면

04 N자형 매수 타점은 다음 중 어느 국면에서 주로 발생하는가?

① 패턴 1   ② 패턴 2

③ 패턴 3

05 일반적인 패턴 매매 현상의 발생 순서로 옳은 것은?

① 패턴 1 - 패턴 2 - 패턴 3

② 패턴 3 - 패턴 2 - 패턴 1

③ 패턴 2 - 패턴 1 - 패턴 3

06 다음 현대미포조선 차트에서 A국면을 무엇이라 하는가?

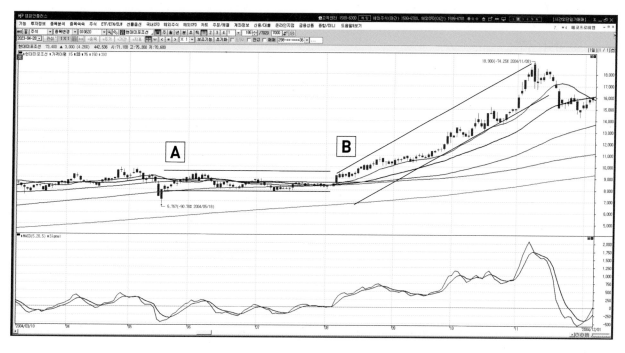

① 상승 국면   ② 보합 국면   ③ 하락 국면

07 앞의 차트에서 B국면을 무엇이라고 하는가?

① 상승 국면 　　② 보합 국면

③ 하락 국면

08 보합/횡보 국면에서 하단은 어떤 역할을 할까?

① 지지선

② 저항선

③ 임파선

09 보합/횡보 국면에서 상단은 어떤 역할을 할까?

① 지지선

② 저항선

③ 생명선

10 다음은 SK이노베이션 차트다. 만약 내가 보합 국면 하단 A에서 저점 매수를 한 후, 현재 가격은 운이 좋게 보합 국면 상단에 있다면, 이때 내가 해야 할 행동 중 가장 올바른 것은?

① 앞으로 반드시 가격이 올라갈 것이니 아무 조치를 하지 않고 계속 보유한다.

② 세상일은 모르는 것이니 보합 국면 상단에서 일부 비중을 이익 실현하고 손절을 매수가 위로 상승시킨다.

③ 올라갈 것이 확실하니 손절만 본전으로 위치시키고 계속 보유한다.

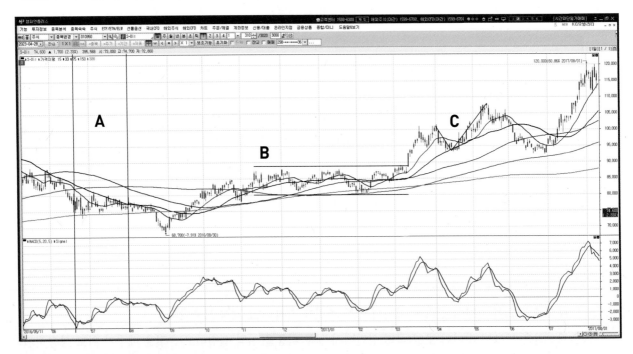

① 패턴 1 - 패턴 2 - 패턴 3 ② 패턴 2 - 패턴 1 - 패턴 3 ③ 패턴 3 - 패턴 2 - 패턴 1 ④ 패턴 2 - 패턴 3 - 패턴 1

12 다음은 삼성전자 차트다. A, B, C 중 N자형 매수 타점은 어느 봉인가?

① A   ② B   ③ C

13 다음 SK 차트에서 정확한 N자형 매수 타점을 맞게 표현한 번호는?

① A   ② B   ③ C   ④ D

14 다음 스타벅스(SBUX) 차트에서 N자형 매수 타점을 맞게 표현한 번호는?

① A   ② B   ③ C

15 다음은 삼성전자 차트다. 굵은 선 표시는 어떤 형태의 매수 타점인가?

① W자형 (이중바닥)　　　② 전고점　　　③ N자형

01. ② 02. ② 03. ② 04. ①

05. ③ - 일반적으로 패턴 2(깊은 가격 조정) - 패턴 1(기간 조정) - 패턴 3(얕은 가격 조정) 순서로 발생한다.

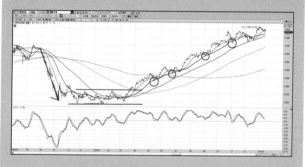

06. ② 07. ① 08. ① 09. ②

10. ② - A지점에서 매수하고 손익을 보았더라도 일부 이익 실현을 하지 않았다면, 다시 매수가까지 올 뿐만 아니라 오히려 손실도 볼 수도 있다.

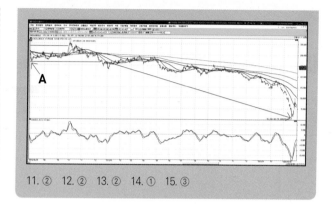

11. ② 12. ② 13. ② 14. ① 15. ③

01 다음 삼성SDI 차트에서 N자형 매수 타점이 되는 봉의 번호를 모두 고르시오.

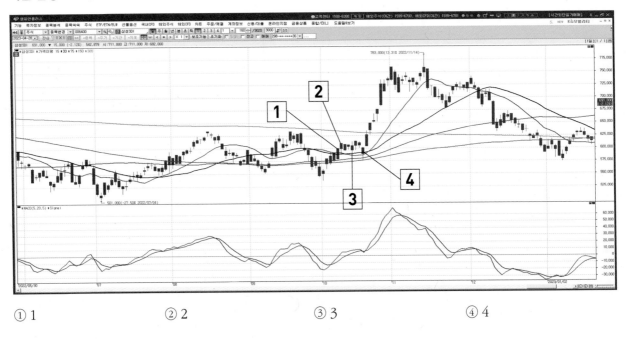

① 1   ② 2   ③ 3   ④ 4

02 다음 S-Oil 차트에서 N자형 매수 타점이 되는 봉의 번호를 모두 고르시오.

① 1   ② 2   ③ 3   ④ 4   ⑤ 5

03 앞의 차트에서 5번은 MACD가 0선 근처에서 다시 상승하는 특성을 보여준다. 이러한 현상은 무엇일까?

① 패턴 1　　　　② 패턴 2

③ 패턴 3　　　　④ 패턴 4

04 앞의 차트에서 15/33/75일 이동평균선이 조밀하게 모여 있는 패턴 1 현상이 보이면서 MACD는 5번의 그림과 같이 패턴 3의 모습이 보일 때 상승 확률은?

① 낮아진다.　　　　② 높아진다.

05 다음 애플 차트에서 N자형 매수 타점인 봉의 번호는?

① 1   ② 2   ③ 3   ④ 4

* 다음은 미국 주식 퀴델오서(QDEL)의 차트다. 질문에 답하시오.

06 N자형 매수 타점에 해당되는 봉의 번호는?

① 1 　　　　② 2

③ 3 　　　　④ 4

07 앞의 차트에서 보면 N자형 매수 타점에 해당되는 봉은 또 다른 지지요인이 보인다. 무엇일까?

① 이중바닥 　　② 매수 디버전스

③ 전고점 　　　④ 헤드앤숄더

08 왼쪽 일봉 차트에서 N자형 매수 타점인 봉은 A다. 이때 오른쪽 60분봉에서 파란색 기준선은 A봉에서 어떤 가격을 의미하는가?

① 고가 : 88.98

② 저가 : 82.26

③ 종가 : 87.52

④ 75일 이동평균선 : 83.80

09 8번 차트에서 오른쪽 차트는 매수 타점을 잡기 위한 60분봉 차트다. 기준가인 83.80을 11/03에 터치하고, MACD가 골든크로스가 발생하는 지점이 매수 타점이면 몇 번 봉이 매수 타점이 될까?

① 1 　　　　　② 2

③ 3 　　　　　④ 4

10 매수 타점인 봉을 찾아서 매수했다면 손절 라인은 어디일까?

① B 　　　　　② C

③ A

11 3번이 매수한 봉이라면 60분봉에서 매수 후 손절 라인은 어디에 놓아야 하는가?

① 매수한 봉의 저가

② 60분봉 MACD 골든크로스 이전 최저가 (이전 저점)

③ 2번 봉

* 다음은 테슬라(TLSA) 차트다. 질문에 답하시오.

12 2, 3번 봉은 2가지 지지요인이 있는 매수 타점이다. 보기 중 맞는 것을 모두 고르시오.

① 매수 디버전스 가능성

② 전고점

③ 이중바닥

④ N자형

14 4번 봉은 어떤 매수 타점에 해당되는가?

① 매수 디버전스 가능성

② 이중바닥

③ 패턴 3

④ N자형

13 이중바닥은 W패턴으로도 불리는데, 2, 3번 봉 왼쪽의 기준이 되는 변곡점으로 잘 짝지어진 것을 모두 고르시오.

① 2-1

② 3-2

③ 4-1

④ 1-4

01. ③, ④ 02. ①, ② 03. ③ - 패턴 3의 특징은 33일 이동평균선 지지와 함께 MACD가 0선 근처에서 다시 시그널선을 골든크로스 하며 상승하는 경향이 있다. 04. ② - 패턴 1과 MACD 패턴 3의 특징이 결합되면 상승 확률이 높아진다. 05. ③ 06. ② 07. ③ - 작은 전고점 지지도 보인다.

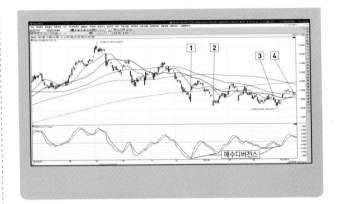

08. ④ - 15/33/75일 이동평균선 돌파 후 처음 닿는 이동평균선이 기준가다. 09. ③ 10. ① 11. ② 12. ①, ③ - 2번과 3번은 각각 이중바닥과 매수 디버전스가 같이 나온 매수 타점이고 2번 봉의 기준점은 1번 3번 봉의 기준점은 2번이다. 4번은 13, 33, 75일 이동평균선을 모두 뚫고 처음 쉬는 구간인 N자형 매수 타점.

01 다음은 마이크론테크놀로지(MU) 차트다. A, B, C, D 중 N자형이 맞는 것을 고르시오.

① A   ② B   ③ C   ④ D

02 다음은 넷플릭스(NFLX) 차트다. A, B, C 중 N자형이 맞는 것을 고르시오.

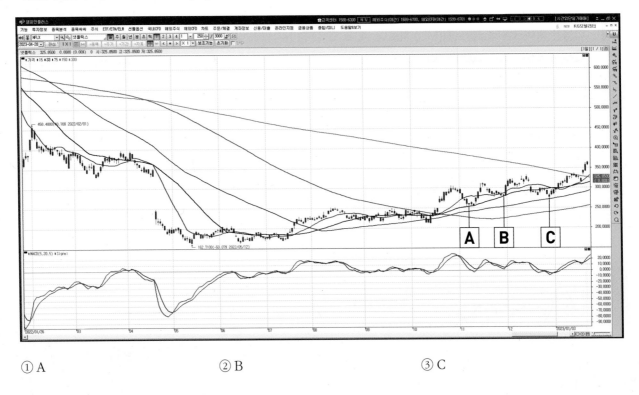

① A   ② B   ③ C

03 앞의 차트에서 A는 N자형 지지 말고 다른 2가지 지지요인이 있다. 어느 지지요인인지 맞춰보라.

① 전고점

② 전저점

③ 이중바닥

④ 매수 디버전스

⑤ 이동평균선 지지

04 15, 33, 75일 이동평균선이 조밀하게 모여 있는 ( )현상이 보일 때 주로 N자형 지지가 나타난다. 빈칸에 들어갈 말로 옳은 것은?

① 패턴 1 ② 패턴 2

③ 패턴 3 ④ 패턴 4

05 앞의 차트에서 MACD가 0선 위에서 다시 상승하는 특성을 보이는 패턴 3 현상은 어느 것일까?

① A ② B

③ C

다음은 엔비디아(NVDA) 차트다. A, B, C 중 N자형이 맞는 것은?

① A   ② B   ③ C

07 다음은 AMD 차트다. N자형 매수 타점에 해당되는 봉은 무엇인가?

① A   ② B   ③ C

* 다음 AMD 차트를 보고 물음에 답하시오. (왼쪽 : 일봉 차트, 오른쪽 : 60분봉 차트)

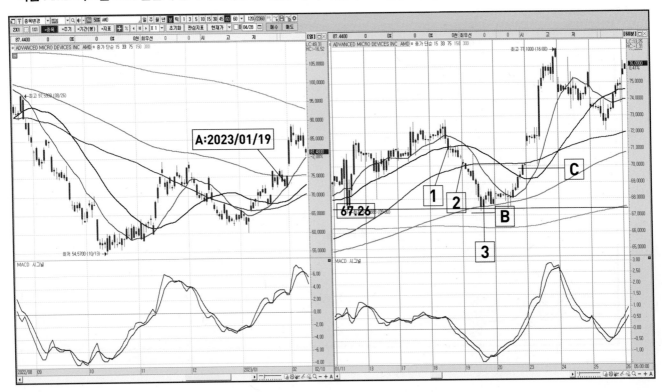

08 왼쪽 일봉 차트에서 N자형 매수 타점인 봉은 A이다. 이때 오른쪽 60분봉에서 기준선은 A봉에서 무엇을 의미하는가?

① 고가 : 69.26

② 저가 : 67.09

③ 종가 : 67.70

④ 33일 이동평균선 : 67.26

⑤ 75일 이동평균선 : 66.26

09 60분봉에서 기준가인 67.26을 01/19에 터치하고, MACD가 골든크로스가 발생하는 지점이 매수 타점일 때 몇 번 봉이 매수 타점이 될까?

① 1　　　　　　② 2

③ 3

10 매수 타점인 봉을 찾아서 매수했다면 손절 라인은 어디일까?

① B　　　　　　② C

③ A

11 3번이 매수한 봉이라면 60분봉에서 매수 후 손절 라인은 어디에 놓아야 하는가?

① 매수한 봉의 저가

② 60분봉 MACD 골든크로스 이전 최저가
　　(이전 저점)

③ 아무 데나

12 다음은 스타벅스(SBUX) 일봉 차트다. a, b, c 중 N자형인 것을 고르시오.

① a   ② b   ③ c

13 12번의 정답인 곳은 N자형과 (   )가 동시에 지지되는 구간이다. 빈칸에 들어갈 말로 옳은 것은?

① 전고점
② 전저점
③ 이중바닥
④ 매수 디버전스

14 앞 차트의 A구간은 15, 33, 75일 이동평균선이 한 곳에 수렴했다가 발산하는 형태를 띤다. 다음 현상을 무엇이라 할까?

① 패턴 1
② 패턴 2
③ 패턴 3

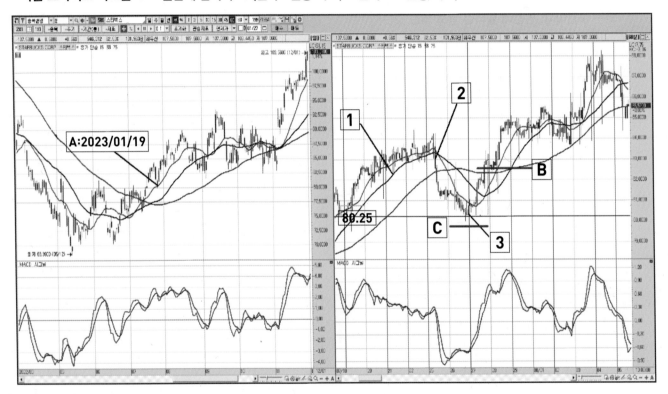

15 왼쪽 일봉 차트에서 N자형 매수 타점인 봉은 A이다. 이때 오른쪽 60분봉에서 기준선은 A봉에서 어떤 가격을 의미하는가?

① 15일 이동평균선 　　② 33일 이동평균선

③ 75일 이동평균선 　　④ 종가

⑤ 저가

16 기준가를 터치하고, 60분봉의 MACD가 골든크로스 되는 지점이 매수 타점이면 몇 번 봉이 매수 타점이 될까?

① 1 　　　　② 2 　　　　③ 3

17 60분봉 차트에서 3번은 어떤 지지 근거가 있을까?

① 15일 이동평균선 　　② 이중바닥

③ 매수 디버전스

18 매수 타점인 봉을 찾아서 매수했다면 손절 라인은 어디일까?

① A 　　　　② B 　　　　③ C

19 3번이 매수한 봉이라면 60분봉에서 매수 후 손절 라인은 어디에 놓아야 하는가?

① 매수한 봉의 저가

② 60분봉 MACD가 골든크로스 되기 전 봉의 저점

③ B

01. ①, ③   02. ①   03. ①, ⑤ – A는 N자형과 전고점, 33일 이동평균선 지지 3가지 요인을 가진 지지요인이다. A는 15, 33, 75일 이동평균선을 돌파하고 처음 닿는 이동평균선이고 c는 마지막 이동평균선이다.

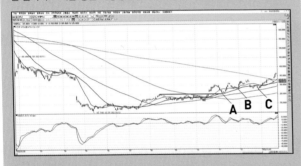

04. ①   05. ①   06. ②   07. ③   08: ④ – 15, 33, 75일 이동평균선 돌파 후 처음 닿는 이동평균선이 기준가다.

09. ③ – ①, ② 는 골든크로스 되기 전이므로 매수 타점이 될 수 없다.

10. ①   11. ②   12. ②   13. ① – B는 N자형과 (전고점)이 동시에 지지되는 구간이다. 15일 이동평균선 지지도 있다.

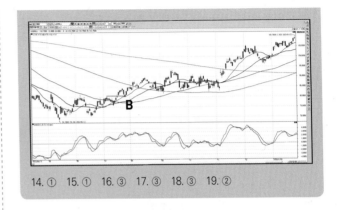

14. ①   15. ①   16. ③   17. ③   18. ③   19. ②

01 패턴매매기법은 6가지 지지 근거를 찾아 매수하는 가격 분석 방법이다. 다음 중 6가지 지지 근거가 아닌 것은?

① 이중바닥

② 전고점

③ 매수 디버전스

④ 이동평균선

⑤ 패턴 3, 33일 이동평균선 지지

⑥ N자형 지지

⑦ 더블탑

02 월봉 한 개는 일봉 몇 개인가?

① 약 10개

② 약 20~25개

③ 약 180개

④ 약 360개

03 다음은 LG화학 차트다. 다음 중 이중바닥에 해당되는 것을 찾으시오.

① 1   ② 2   ③ 3

04 다음은 메리츠화재 차트다. 다음 중 전고점에 해당되는 것을 찾으시오.

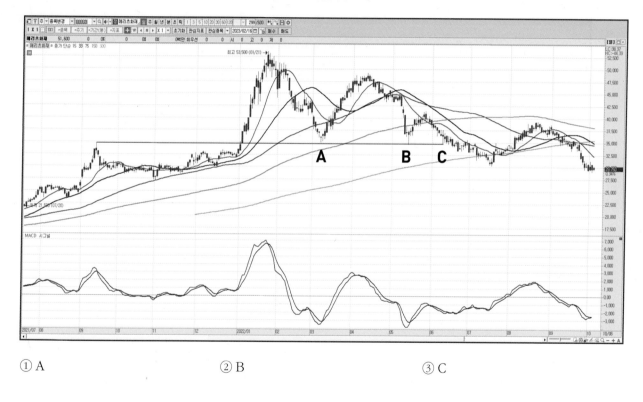

① A   ② B   ③ C

05 다음은 기아 차트다. N자형에 해당되는 것을 찾으시오.

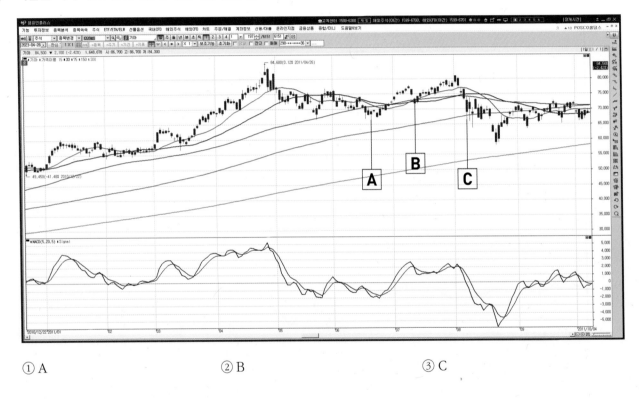

① A   ② B   ③ C

06 다음은 에스엠 차트다. 다음 중 33지지/패턴 3에 해당되는 번호를 찾으시오.

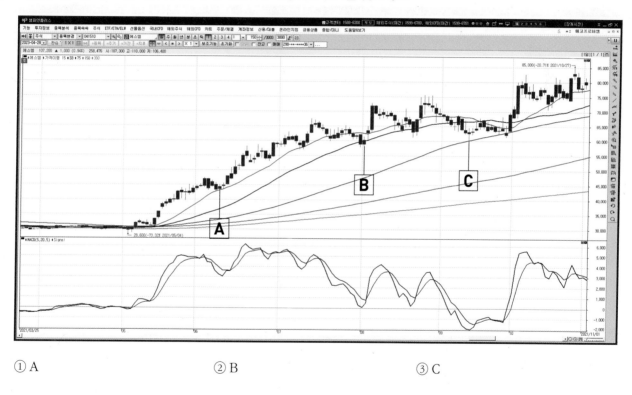

① A   ② B   ③ C

* 다음은 롯데케미칼 월봉 차트다.

07 B는 다음 중 어떤 지지 근거인가?

① 전고점   ② N자형

③ 패턴 3/33지지   ④ 이중바닥

08 2번은 2014년 10월의 월봉이다. 7번 문제의 지지
근거 이외에 다른 지지요인이 2가지 더 존재한다.
무엇인지 모두 고르시오.

① 이중바닥

② 전고점

③ 매수 디버전스

④ 150일 이동평균선 지지

09 A는 어떤 지지 근거일까?

① 전고점   ② 패턴 3

③ 이중바닥   ④ 매수 디버전스

* 다음은 롯데케미칼의 월봉과 일봉 차트다.

10 이중바닥의 기준이 되는 1번 봉은 2013년 6월봉이다. 오른쪽 일봉에서의 검은 수평선 C는 1번 봉의 어느 가격일까?

① 고가 : ￦160,496   ② 시가 : ￦157,163

③ 저가 : ￦118,110   ④ 종가 : ￦136,208

11 차트에서 보는 것처럼 월봉 지지 근거가 있을 때 일봉에서는 '반드시' D와 같은 현상이 해야만 매수 근거가 될 수 있다. 무엇인가?

① 매수 디버전스   ② 사랑의 화살표

③ 이동평균선 지지   ④ 전고점

12 월봉에서 기준가격이 C처럼 정해졌다면, 일봉에서 매수 일자는 기준선 터치 후 MACD가 시그널선을 골든크로스 할 때다. 매수일자의 일봉을 골라보시오.

① ㄱ   ② ㄴ

③ ㄷ   ④ ㄹ

13 매수가격이 결정되었다면 이때 손절 라인으로 알맞은 것은?

① X   ② Y

* 다음 포스코퓨처엠 일-월봉 결합 차트를 보고 물음에 답하시오. (왼쪽 : 월봉 차트, 오른쪽 : 일봉 차트)

14 월봉상 차트 2022년 3월의 매수 근거는 무엇인가? (* 중복 선택 가능)

① 이중바닥　　　　② 이동평균선 지지

③ 전고점　　　　　④ 매수 디버전스

15 2022년 3월봉에서 매수할 수 있는 기준가격은 2020년 8월봉의 (　　)이다. 빈칸에 들어갈 말로 옳은 것은?

① 시가　　　　　　② 저가

③ 종가　　　　　　④ 고가

16 월봉상 8월봉 고점가격이 96,207일 때, 8월봉 고점이 일봉에서 처음 닿는 날은 언제인가? (* A는 3/14일이다.)

① 3/12　　　　　　② 3/13

③ 3/14　　　　　　④ 3/15

17 일봉상 차트의 매수 근거는 무엇인가?

① 이중바닥　　　　② 이동평균선 지지

③ 전고점　　　　　④ 패턴 3

⑤ 매수 디버전스

18 8월봉의 고점은 96,207이고, 3/14일의 저점은 96,100일 때 스탑은 어디에 놓아야 할까?

① 96,207원 아래　　② 96,207원 위

③ 96,100원 아래　　④ 96,100원 위

01 월봉에서만 타이밍이 오면 매수할 수 있는 기법이다.

① O   ② X

02 일-월봉 결합을 이용한 매수 시 60분봉은 보지 않아도 된다.

① O   ② X

03 일봉상 골든크로스가 발생하는 지점에서 매수하고 이전 저점 밑에 스탑을 놓는다.

① O   ② X

04 차트 분석을 배우면 지지선과 저항선을 파악해 위험 관리에 효과적인 도구로 이용할 수 있다.

① O   ② X

05 일-월봉에서는 주로 이중바닥, 이동평균선 지지, 전고점을 위주로 매수 타이밍을 본다.

① O   ② X

06 다음은 애널로그 디바이시스(ADI) 일봉 차트다. A지점은 어떤 지지 근거가 있는지 모두 고르시오.

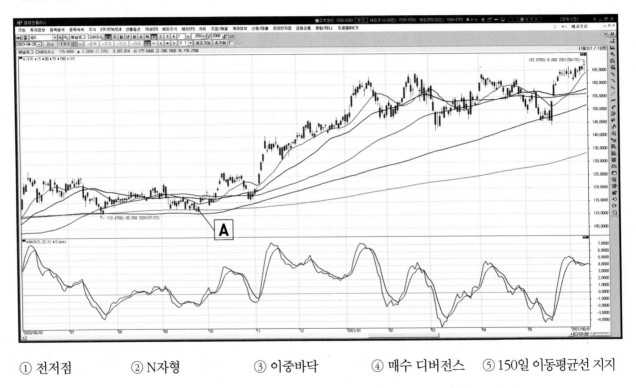

① 전저점   ② N자형   ③ 이중바닥   ④ 매수 디버전스   ⑤ 150일 이동평균선 지지

07 다음은 애널로그 디바이시스(ADI) 차트다. A,C 는 150일 이동평균선 지지로 본다. 그럼 B는 150일 이동평균선 지지로 볼 수 있을까?

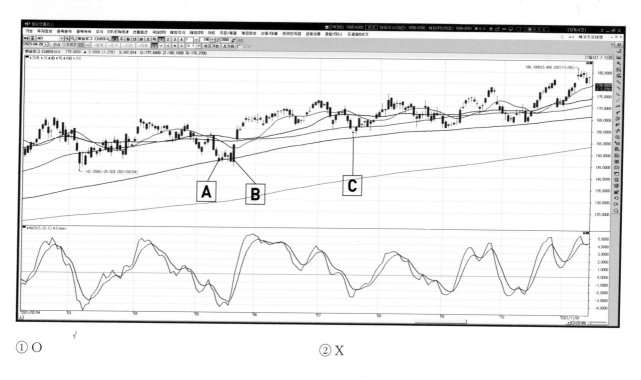

① O   ② X

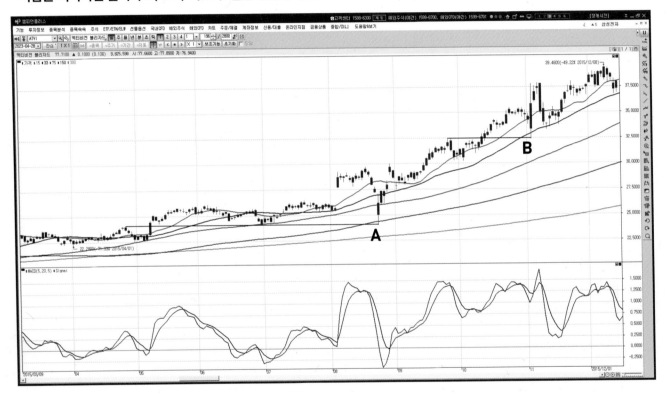

08 A는 어떤 지지 근거가 있는가?

① 패턴 3

② 전고점

③ 이중바닥

④ 매수 디버전스

⑤ 150일 이동평균선 지지

09 B는 어떤 지지 근거가 있는가?

① 전고점

② 이중바닥

③ 매수 디버전스

④ 33일 이동평균선 지지

* 다음은 테슬라(TSLA) 차트 일–월봉 결합 차트다. 질문에 답하시오.

2022/12월봉

111.45

A

B C

10 월봉에서 테슬라의 매수 근거는 무엇인가?

① 패턴 3

② 전고점

③ 33일 이동평균선 지지

④ 75일 이동평균선 지지

⑤ 150일 이동평균선 지지

11 일봉에서 테슬라의 매수 근거는 무엇인가?

① 이중바닥

② 매수 디버전스

③ 33일 이동평균선 지지

④ 75일 이동평균선 지지

⑤ 150일 이동평균선 지지

12 12월봉의 기준점이 111.45일 때 일봉상에 기준점에 처음 닿는 봉은 어떤 것인가?

① A ② B

③ C

* 다음은 넷플릭스(NFLX) 차트 일-월봉 결합 차트다. 질문에 답하시오.

13 월봉에서 넷플릭스의 매수 근거는 무엇인가?

① 전고점

② 33일 이동평균선 지지

③ 77이동평균선 지지

④ 150일 이동평균선 지지

14 일봉에서 넷플릭스의 매수 근거는 무엇인가?

① 이중바닥

② 매수 디버전스

③ 33일 이동평균선 지지

④ 77일 이동평균선 지지

⑤ 150일 이동평균선 지지

15 9월봉의 기준점이 268.9일 때 일봉상에 기준점에 처음 닿는 봉은 어떤 것인가?

① A   ② B

③ C

16 일봉상에서 A, B, C 중 매수 가능한 곳을 고르시오.

① A   ② B

③ C

* 다음은 리제네론 파머슈티컬스(REGN) 차트 일-월봉 결합 차트다. 질문에 답하시오.

2022/6월봉

A

17 월봉상 6월봉의 매수 근거는?

　① 전고점

　② 33일 이동평균선 지지

　③ 75일 이동평균선 지지

　④ 150일 이동평균선 지지

18 일봉상 A의 매수 근거는?

　① 없다.

　② 전고점

　③ 이중바닥

　④ 매수 디버전스

　⑤ 300이동평균선 지지

19 나라면 이 종목을 매수할 것인지 자유롭게 생각해보시오.

28강 정답/해설

01. ② 02. ② 03. ① 04. ① 05. ①

06. ③, ④, ⑤ - 이중바닥과 매수 디버전스, 그리고 150일 이동평균선
지지가 함께 지지선 역할을 하고 있다.

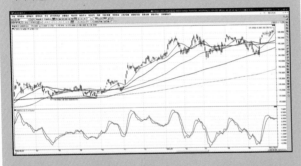

07. ① 08. ②, ⑤ - 이중바닥은 닿지 않았다 09. ①, ④ 10. ④

11. ② 12. ② - 기준점에 처음 닿는 날부터 지켜본다. 13. ② 14. ②

15. ② 16. ③ - 일봉상에서 골든크로스가 나고 매수하므로 C다. 추가
해설 : C에서 매수하고 이전 저점 아래에 스탑을 놓는다.

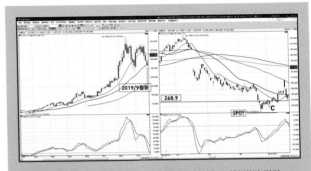

17. ② 18. ① - 지점 A는 전저점이므로 원칙적으로 '없다'가 맞다.

19. 전저점에서 매수하지 않지만, 의미 있는 변곡점이라고 판단되면 매수
해볼 수도 있다.

미국 주식 자동매매 시스템 (퀀트 투자)

이승주 박사 씀

Backtesting 결과

CONTENTS

WHY & HOW

구성의 근거
BASKET

미국 NYSE, NASDAQ, AMEX 등에서 거래되는 주식, ETF 종목 중, 지난 6~7년간 우상향을 보이는 855종목

각 종목은 Parameter 최적화를 통해 최대 가능 수익을 얻기 위한 최적의 Parameter 조합을 가진 종목들로 구성됨.

BACKTESTING 기간

Ⅰ. 2021.10.01 - 2022.04.01(6개월)

Ⅱ. 2022.01.03 - 2022.04.01(3개월)

- Ⅰ, Ⅱ 기간을 선택한 이유

2020.11부터 약 10개월간 계속된 미국 주식 시장의 강세장이 2021년 9월경부터 변화하기 시작해 변동성은 더 커지고, 상승 트렌드는 완화되는 모습을 보이기 시작했고, 2022년 1월의 약세장과, 2월의 보합장, 그리고 우크라이나-러시아 간 전쟁 등의 매크로 이슈들의 영향으로 큰 변동성을 보이는 바, 2021년 1월 전의 3개월을 포함한, 1 기간과, 2021년 1월 이후의 장을 비교해 매매 전략을 분석

BACKTESTING 결과

A. 모든 결과

	Number of Symbols	PnL	Approx Cost	PnL after Approx Cost	Total Number of Trade
Ⅰ. 3개월	885	$174,302.00	$18,844.00	$155,458.00	1,346
Ⅱ. 6개월	885	$335,446.00	$32,900.00	$302,546.00	2,350

Cost 는 각 종목의 Capital을 $10,000인 것을 고려, 0.14%를 적용 각 거래 당 $140의 근사치를 적용함.
총 거래 비용은 각 거래 당 근사치와 총 거래 수로부터 계산되었음.

	Suggested Capital	PnL	Estimated Profit Ratio	PnL after Approx Cost	Estimated Profit Ratio after Approx Cost
I . 3개월	$2,950,000.00	$174,302.00	5.91%	$174,302.00	5.27%
II . 6개월	$2,950,000.00	$335,446.00	11.37%	$335,445.88	10.26%

종목당 $10,000 로 설정, 최대 포지션 개수를 총 바스켓 종목 개수의 1/3 로 잡음.
즉, 885개 종목의 1/3인 295 종목을 최대치로 $10,000씩 총 $2,850,000의 자본금이 투자되는 것으로 설정함.

현실적으로

	Number of Symbols	Number of Profit Trade Symbols	Number of No Trade Symbols	Number of Loss Trade Symbols
I . 3개월	885	462	225	168
II . 6개월	885	612	112	161

각각 112개, 255개의 종목이 해당 기간 동안 거래가 없었으므로,
총 종목의 1/3을 최대 포지션 개수로 설정하는 것에 무리가 없다고 여겨짐.

B. 선택된 결과

종목 선택 조건

Ⅰ. 6개월 – 해당 기간 동안 각 종목당 Capital의 6% - $600 이상의 Profit을 보인 종목들

Ⅱ. 3개월 – 해당 기간 동안 각 종목당 Capital의 3% - $300 이상의 Profit을 보인 종목들

두 조건에 모두 해당되는 종목들을 골라 보수적으로, 3개월에 해당되는 PnL을 정리하면,

Number of Symbols	PnL	Approx Cost	PnL after Approx Cost	Total Number of Trade
213	$146,264.00	$61,460.00	$140,118.00	439

각 종목당 $10,000씩 가능한 최대 포지션 개수를 총 종목 수의 절반인 $1,060,000으로 설정하면,

Suggested Capital	PnL	Estimated Profit Ratio	PnL after Approx Cost	Estimated profit Ratio after Approx Cost
$1,060,000.00	$146,264.00	13.80%	$140,118.00	13.22%

긴 기간의 BACKTESTING과의 비교

Ⅰ. 2022.01.03 - 2022.04.01(3개월)

Ⅱ. 2021.10.01 - 2022.04.01(6개월)

Ⅲ. 2021.04.01 - 2022.04.01(1년)

Ⅳ. 2020.04.01 - 2022.04.01(2년)

Covid-19 상황이 시작되고 2020년 3월에 마켓 임팩트가 반등하기 시작한 2020년 4월부터 2022년 4월까지의 2년을 기준으로 한 Ⅳ 기간, 2021년 4월부터 2022년 4월까지의 1년을 기준으로 한 Ⅲ 기간과 앞선 Ⅰ, Ⅱ 기간의 백테스팅을 비교함.

	Ⅰ. 3개월	Ⅱ. 6개월	Ⅲ. 1년	Ⅳ. 2년
Number of Symbols	885	885	885	885
Total Number of Trade	1,346	2,350	3,816	5,513
Suggested Capital	$2,950,000.00	$2,950,000.00	$2,950,000.00	$2,950,000.00
PnL	$174,302.00	$335,446.00	$447,755.00	$680,243.00
Approx Cost	$18,844.00	$32,900.00	$53,424.00	$77,182.00
PnL after Approx Cost	$155,458.00	$302,546.00	$390,331.00	$603,061.00
Estimated Profit Ratio	5.91%	11.37%	15.04%	23.06%
EStimated Profit Rotio after Approx Cost	5.27%	10.26%	13.23%	20.44%

Covid-19 상황의 전개와는 크게 상관없이 꾸준한 매매 개수와 수익률을 보여주고 있음.

결론

6개월, 그리고 3개월 동안의 2개의 기간을 고려한 백 테스팅의 결과, 바스켓 내의 전 종목을 대상으로 트레이딩한 것으로 가정했을 경우, 트레이딩 비용을 고려해 도 각각 10.26%, 5.27%의 수익률을 보여주고 있음.

그러나 그 경우 $2.95m의 Capital이 필요하므로, Capital 조달의 용이함과 수 익률의 극대화를 위해서 적당한 조건을 이용 바스켓의 구성 종목들의 숫자를 조 절함으로써 Capital을 1/3로 줄이고, 보수적으로 설정한 3개월간의 수익률을 13.22%까지 끌어 올린 바스켓 구성도 가능할 것으로 보여짐.

Covid-19의 영향을 크게 받은 시장과 오미크론 이후의 시장의 경우를 비교한 결 과, 변동성이 상대적으로 작고 우상향인 시장 상황보다 트렌드와 상관 없이 변동 성이 약간 더 큰 경우에 수익률이 더 좋은 것으로 보이므로, 시장 상황의 변화에 그게 민감하지 않은 것을 확인할 수 있음.

Future work
향후 추가 작업

현재 계획하고 있는 추가 작업으로는, 선택된 종목들을 주기적으로 업데이트해서 수익률을 최대화할 수 있는 방법의 일환으로, 과거 시점에서의 백 테스팅을 기준으로 한 바스켓을 가지고 일정 기간 포워드 테스팅을 실시함으로써 얼마나 자주 바스켓을 업데이트해주는 것이 좋은지를 최적화하는 툴을 개발하는 것임. 이 작업이 마무리되면, 보다 효율적인 전략의 운영이 가능해지고, 현재보다 수익률을 더 확대할 수 있을 것으로 기대됨.

첨부. Capital Size별 Backtesting 결과

A. 3개월(모든 결과)

Capital/Stock	Suggested Capital	PnL	Estimated Profit Ratio	PnL after Approx Cost	Estimated Profit Ratio after Approx Cost
$10,000	$2,950,000.00	$174,302.00	5.91%	$155,458.00	5.27%
$9,000	$2,655,000.00	$157,986.00	5.95%	$140,724.00	5.30%
$7,000	$2,065,000.00	$121,703.00	5.89%	$108,531.80	5.26%
$5,000	$1,475,000.00	$97,683.00	6.62%	$88,401.00	5.99%
$3,000	$885,000.00	$52,063.00	5.88%	$46,418.20	5.24%

첨부. Capital Size별 Backtesting 결과

B. 6개월(모든 결과)

Capital/Stock	Suggested Capital	PnL	Estimated Profit Ratio	PnL after Approx Cost	Estimated Profit Ratio after Approx Cost
$10,000	$2,950,000.00	$335,446.00	11.37%	$302,546.00	10.26%
$9,000	$2,655,000.00	$302,186.00	11.38%	$272,563.40	10.27%
$7,000	$2,065,000.00	$235,390.00	11.40%	$212,360.00	10.28%
$5,000	$1,475,000.00	$168,537.00	11.43%	$152,087.00	10.31%
$3,000	$885,000.00	$100,771.00	11.39%	$90,901.00	10.27%

첨부. Capital Size별 Backtesting 결과

C. 3개월(모든 결과)

Capital/Stock	Suggested Capital	PnL	Estimated Profit Ratio	PnL after Approx Cost	Estimated Profit Ratio after Approx Cost
$10,000	$1,060,000.00	$146,264.00	13.80%	$140,118.00	13.22%
$9,000	$960,000.00	$132,921.00	13.85%	$127,326.60	13.26%
$7,000	$750,000.00	$102,174.00	13.62%	$97,891.40	13.05%
$5,000	$540,000.00	$81,498.00	15.09%	$78,467.00	14.53%
$3,000	$320,000.00	$43,646.00	13.64%	$41,802.20	13.06%

첨부. Capital Size별 Backtesting 결과

D. Capital Size별 Backtesting 결론

3개월, 6개월, 선택된 3개월의 경우 모두 5개의 다른 Capital / Stock의 경우를 적용, 독립적으로 백터스팅을 했음에도 불구하고 각각 평균 5.41%, 10.28%, 13.43%의 수익률을 보여주고 있음.

그러므로, 투자자의 요구에 따라 총 Capotal의 크기를 다르게 해도 수익률에 큰 영향이 없을 것으로 기대됨.

인트로

아웃트로

이 책의 바코드의 사진을 찍어서 보내주시면 매수의 정석 강의를 50% 할인해드립니다!

내팔자는 내가 바꾼다! 대단! 4주만에!!
▶▶▶▶▶▶ 종목선정과 매수타점을 스스로!

aDE
SPACE/CAMPUS

매수의 정석 정영완 대표

투자독서클럽

한국은행 객원감사
증권사 연수원에서 채택된 주식강의
국내유일 현대/K옥쇼핑 주식강의 판매

주중반 와요반 상시모집
오후 6:30pm~9:30pm

주말반 일요반 상시모집
오후 2pm~5pm

한국은 물론 미국주식, 비트코인까지
바로 적용 가능!

장소
에이드캠퍼스 1층 포레스트홀

기간
4주 완성과정 (주중 1회 / 주말 1회)

수강료
실전오프라인수업 … 55만원
실전온라인수업 …… 33만원

커리큘럼

1주차
주식이 어렵지 않음에도 어려워하는 이유
주식으로 돈 버는 법
주식매매의 기원/변곡점의 이해
차트분석과 트레이딩을 위한
책과 HTS 셋팅방법

2주차
매매의 전부! 지지선과 저항선 찾아내기
패턴매매기법의 이해 1 - 상승추세
패턴매매기법의 이해 2 - 조정국면

3주차
W형 매수타이밍 상세연구
한국/미국주식 실제사례

4주차
N형 매수타점
한국/미국주식 실제사례
총평 및 실전매매준비

등록상담

Plus친구 ID: adecampus

신청: 카카오플러스 친구 신청 (전화상담 또는 현장 접수 가능)
혜택: 사전신청자 "미국주식신호" 한달간 무료제공
문의: 에이드캠퍼스 서비스팀 (02-499-2666)

SMART

해외주식에 최적화된 서비스

글로벌섹터 종합	각 국가의 해외주식을 섹터별로 한눈에! *미국/중국/홍콩주식	
미국ETF섹터	관심 섹터의 미국 ETF 종목을 한눈에!	
해외투자정보	내가 보유한 해외주식 종목은 몇 점?	

한국금융투자협회 심사필 제23-01962호(2023.05.31~2024.05.30)

투자 유의사항

비대면
종합 계좌
개설하기

한국형 터틀 트레이더 선발 공고 - 1기

로쎔트레이딩 아카데미(원장 : 장영한)에서 주식을 좋아하고, 열정적인 분들을 선발해 한국은행, 현대증권, 신한금융지주 등 금융기관 임직원들에게 교육했던 매매 방법을 교육하고, 실전 매매 훈련을 통해 전문 주식 트레이더로서 성장할 수 있는 기회를 제공하고자 합니다.

관심 있으신 분들의 많은 참여를 기대합니다.

모든 교육 훈련 비용은 후원 기업이 제공하며, 선발자는 일체의 비용이 없습니다.

* 10대 청소년 선발자는 학기 중 교육과 방학을 이용한 실전 매매 훈련 과정을 개별적으로 운영합니다.

(로쎔에서 출시한 '매수의 정석' 온라인 강의는 업계 최초로 K쇼핑/현대 홈쇼핑, 그리고 101클래스 등 많은 곳에서 판매되고 있으며, 한국산업은행, 한국투자증권, 새마을금고 등 금융권 임직원들이 사내 온라인 연수원에서도 공부하는 교재로 사용되고 있을 만큼 검증된 온라인 주식 강의입니다. 또한, 강의 내용을 토대로 미국 주식 퀀트 알고리즘을 이용한 자동 매매 시스템을 구축해 SBS Biz와 함께 증권사에 미국 주식 퀀트 서비스를 준비하고 있습니다.)

1. 선발 인원

1-1. **10대** : 10대 남녀 8명(학기 중/방학 중 운영) – 한국 주식 운용

1-2. **20대 이상** : 20대 대학생 남녀 4명   – 한국 주식 운용

그 외 8명

1-3. **직장인반** : 직장인 대상 (10명)   – 미국 주식 운용

>>> 서류/면접 후 2배수(10대 제외) 선발

>>> <u>선발 인원은 반드시 '매수의 정석' 2회 이상 완강 후 매 강의별 리포트 제출</u>

2. 교육 장소 : 트레이딩센터

3. 교육 과정/내용 : 한국/ 미국 주식 (온라인 참여 가능/오프라인 12명 내외)

이론 과정 및 훈련 : 온라인 강의 '매수의 정석' 내용

실전 코칭 : '매수의 정석' 강의를 토대로 실전 매매 훈련, 위험/이익/자금 관리 방법, 매매 일지 작성

총 6주 (이론 코칭 2주/ 실전 코칭 2주)

4. 교육시간 : 이론 과정 – 오전 10시 ~ 오후 4시, 실전 과정 – 오전 8시 반 ~ 오후 4시

　　　　　　직장인 지망생들은 추후공지

5. 최종 선발자에게는 계좌 운용권 부여(최소 1,000만 원 ~ 1억 원)

　5-1. 선발 기준 : 매매일지를 기준으로 수익률 + 위험 관리 상황 파악 후 결정(만 원 이상 중·대형 우량주 매매,

　　　　　　수익이 적거나 없더라도 교육 훈련에서 배운 '위험 관리' 능력이 우수할 경우 선발함)

　5-2. 운용 규칙

　　》 1~3개월 단위 정산(이익금의 50~70%까지 지급)

　　　스탑 주문 없을 시 즉시 탈락, 매매일지 미제출 시 즉시 탈락, 그 외 운용 규칙은 개별적으로 계약

6. 지원 자격 : 나이 제한 없음/학력, 직업 제한 없음. 주식 경력 전무한 사람도 지원 가능(10대 청소년이 가능한 이유)

7. 지원 조건/방법

　》 안드로이드 또는 아이폰에서 '버핏투자아카데미' 앱 다운 후 지원서 작성/제출

　　참가 신청비 : 15만 원

〉〉 모든 지원자에게는 '매수의 정석(한국/미국 주식) 20분 내외 총 38강'

　　판매가 33만 원으로 평생 수강할 수 있는 평생 수강권 제공(버핏투자아카데미 앱에서 참가 신청/참가비 결제 후 수강 가능)

7-1. 서류 전형 - 버핏 앱 양식 다운 후 제출(양식에는 유진투자증권 계좌 번호/초상권 사용 계약 동의서 포함)

7-2. 면접 실시 - '매수의 정석' 강의 내용 중 매매 철학 등 질문

8. 문의/기타 : 로셈트레이딩 아카데미 〉〉 02-780-1764

　　　　　　교육 중 간단한 중식 개인 지참

　　　　　　북한산 트레이딩센터 전경 url 참고(https://youtu.be/ONjYQEdVbQA)

　　　　　　면접/교육 등 전 과정은 유튜브 등으로 송출 예정

9. 모집 일시/기간 : 앱 참조

10. 후원 : 유진투자증권

커리어 성장 '매수의 정석' 주말 스터디

'매수의 정석'은 종목을 추천해주는 강의가 절대 아닙니다.

잃지 않는 법, 내 계좌를 지키는 방법을 훈련합니다.

"여러분들의 주식 인생이 달라졌으면 좋겠습니다."

주식 강의 최초, 홈쇼핑 런칭

실제 온라인 강의 완강률은 5%가 채 되지 않는다고 합니다.

의지는 있지만 시작하지 못하고 계시는 분들을 위해 저희가 옆에서 도와드릴 수 있는 주식 스터디를 시작합니다.

미국 주식 / 비트코인 / 해외선물 다양한 차트들을 통해 훈련합니다.

차트 분석과 트레이딩 지지선 & 저항선이 매매의 전부!

추세의 개념과 지지·저항선, 미국 주식과 한국 주식 사례를 한꺼번에!

패턴매매기법의 이해와 실전 트레이딩 교육, 세밀한 실제 매수 타이밍과 실전 매매

총 6회 진행

한국·미국 주식 온·오프라인 실전 코칭

"이론 과정을 습득했는데 실시간으로 매매 코칭을 받고 싶어요."

"전업 트레이더가 목표인데, 직장인이라 오프라인 코칭은 부담되어요."

장중 실시간으로 매매 코칭을 진행합니다.

**'매수의 정석'에서 습득한 이론 과정을 응용해 살아 움직이는
시장에서 스스로 선정한 종목과 매수 타점을 실시간으로 공유하며,
손절·이익을 관리하는 훈련을 해서 전업 트레이더가 되도록 지도합니다.**

매주 월/화/수/목/ 오전 9시부터 오후 3시 30분(장 종료 시)까지

요일 택 2일(6회)

매주 금 오후 9시(섬머타임 이후 오후 10시)부터 오전 1시(2시) 중

요일 택 2일(2회)

8주간 진행

문의 : 02-780-1764 / rocemacademy.com

스스로 매매 포인트를 찾아내게 합니다.
스스로 종목을 선정할 수 있게 합니다.

매수 후 유리한 변동성이 펼쳐질 때 이익 실현과
위험을 줄이는 노력을 최선을 다해 스스로 하게끔 합니다.

주식을 전혀 모르는데, 저도 잘할 수 있을까요?

초반 훈련 과정이 매우 힘듭니다.
짧은 손절을 놓고 살아나가는 법을 터득함으로 인해
그렇게 수없이 많은 손절을 당함에도 불구하고
두 달, 세 달이 지난 후 자신의 계좌가 손실을 거의 보지 않고 있다는 것을

그 누구도 아닌 스스로가 경험함으로 인해서
지금 행하고 있는 일련의 과정을 더 철저하게 체득하면,
'나는 살아남을 수 있겠구나' 하는 자신감을 갖게 만드는 것입니다.
"이것이 6개월간의 여정입니다."
그렇게 스스로 변화되고 바뀌는 것입니다.
매매 경험을 통해서 '자신만을 믿고 매매하는' 습관이
만들어지고, 결국은 홀로 설 수 있게 되는 것입니다.

"그저 시장의 변동성을 취하는 게임일 뿐입니다."

▮1 청소년 버핏 투자 스쿨의 목적은 무엇인가요?

"모두가 투자가가 될 필요는 없습니다.

그러나

모두에게 투자 마인드는 '반드시' 필요합니다!"

청소년 버핏 투자 스쿨은 투자 마인드 교육이 '세상 사는 지혜'를 얻는 최고의 수단이라는 믿음으로 투자 대가들의 철학과 지혜뿐만 아니라 실전 투자를 훈련합니다. 여러 주제를 아우르는 통합 사고 능력을 기를 수 있는 고차원적인 커리큘럼을 바탕으로 학생들이 세상을 더욱 넓게 보고, 이해할 수 있도록 도움으로써 경제적 자유와 더불어 정신적 자유를 통해 자유로운 라이프 스타일을 영위할 수 있는 지혜와 실력을 길러주는 것을 목적으로 합니다.

≫ 투자 영재를 발굴하고, 그 영재들에게 투자에 대한 실질적인 소양을 습득하게 한 후, 금융공학(코딩, 퀀트 교육 및 직접 작성) 및 투자 분야의 전문가가 될 수 있도록 코칭함.

'4차 산업 혁명 시대를 위한 최고의 미래 준비 교육'

2 청소년 버핏 투자 스쿨은 어떤 내용으로 진행될까요?

청소년들의 눈높이에 맞게,

가. 투자 SQ(Success Quotient) : 돈과 투자에 관한 본질적 가치와 의미를 익힌다.

>> 대가들의 투자 철학을 담은 서적 및 돈과 투자에 대한 서적을 읽고 토론한다(인문학 서적 포함).

나. 투자 EQ(Emotional Quotient) : 돈과 투자에 대한 다양한 감정적 지혜를 익힌다.

>> 실제 투자를 했을 경우, 스스로에게 생기는 감정적 변화 등을 느끼게 함으로써 스스로를 통제하는 방법 등을 훈련시킨다.

다. 투자 IQ(Intelligence Quotient) : 돈과 투자에 대한 다양한 실무적 지식을 익힌다.

>> 다양한 투자 기법을 익히고, 프로그램화해서 퀀트에 자연스럽게 접하고, 자신만의 투자 방법을 정립하게 한다.

>> 위 모든 과정을 기록하고 정리한 기록을 책으로 출판하게 하며, 상급학교(대학(원)) 진학 시 실무 능력이 실제로 있음을 증명하게 함(책 출판 병행).

미국 IVY리그 또는 서울대 MBA 대학원 진학 유도.

대학생들은 이 외에 '투자자산 운용사' 라이센스를 획득하게 함.

3 **청소년 버핏 투자 스쿨 교육을 받게 되면 청소년들이 어떻게 바뀌게 될까요?**

가. 경제적 자유와 정신적 자유를 위한 든든한 미래 준비

나. 실전 경제와 투자 감각과 투자 경험 보유

다. 통합적이고 자유로운 투자 사고력 및 투자 경험 배양

라. 인생 투자의 지혜 체득

마. 진로 탐색 및 진학 준비

- 투자 및 금융 지식 습득 ▶ 매매일지 축적/퀀트 시스템 매매 준비(대학 에세이 자료로 활용)/실전 매매를 통한 경험 습득/책 출판 작업 경험
- 대학 입학(상경 계통/데이터 통계 등) ▶ 퀀트 자동 매매 시스템 자체 개발
- 미국 IVY 리그 MBA 대학원 진학 또는 금융권 취업 /펀드 매니저 등 진출

4 교수진은 어떻게 구성되어 있나요?

　저(장영한)뿐만 아니라, 영국에서 물리학 박사 학위를 획득하고 퀀트 트레이더로 20여 년간 활동하고 있는 이승주 박사님과 김점수 LBA 원장님, 그리고 투자 인문학을 코칭해주실 한 분을 더 영입하고, 버핏 투자 영재스쿨 과정을 거친 제 큰아들 장호철(24)과 20대 초반인 몇몇 졸업생들이 써포트를 할 예정입니다. 아들은 벌써 커리큘럼에 따라 책을 한 권 이상 집필했습니다. 또한, 이승주 박사에게 퀀트 금융 공학을 전수받고 있으며, 관련 학과에 입학해 파이썬/C 언어 등을 비롯한 코딩 교육도 충실히 공부하며, 투자자산 운용사 시험도 응시해 자격증을 획득할 예정입니다. 졸업 후에는 미국 IVY대학원 또는 서울대 MBA 과정에 진학할 예정입니다.

5 커리큘럼이 어떤지 정말 궁금해지는데요? 소개해주실 수 있을까요?

5-1. 투자 인문학 수업

5-2. 투자 준비 및 투자 체험 수업(가격 분석/기업 분석)

5-3. 금융 공학 수업 : 코딩/빅데이터 및 퀀트 알고리즘 개발

5-4. 책 집필 수업

5-5. 미국 IVY리그 대학(원) 진학 시 필요한 영문 에세이 수업(별도 비용) : 대치동 에세이 전문 경력자

* 투자 인문학 선정 도서

《부자 아빠 가난한 아빠》,《부자 아빠의 자녀 교육법》,《나에게 돈이란 무엇일까?》,《엄마 투자가》,《딸에게 전하는 12가지 부의 비법》,《워런 버핏의 주식 투자 콘서트》,《내 아이들에게 주는 선물》,《트레이딩은 트레이다》등

** 세부 교육 과정

1. Session 1. 투자 인문학 과정 : 4주(2~3시간/회)

   지정된 책을 읽고 독서 토론 후 후기를 남김.

2. Session 2. 투자 이론 및 가격 분석/회사 분석 : 6주(2~3시간/회)

3. Session 3. 실전 투자 체험 : 4주(6시간/회)

   실제 매매를 경험함으로써 생기는 심리를 느끼고, 매매 일지를 작성해 기록으로 남김.

4. Session 4. 코딩 및 퀀트 교육 : 4주(3시간/회)

   실전 투자 체험을 바탕으로 코딩을 배우고, 직접 퀀트 알고리즘을 작성하게 함.

≫ 전 과정 수료 후 우수 인력은 선발해서 장학혜택을 부여해 전문 금융 인재로 육성함.

주차	주제	내용	비고
	투자 준비 및 투자 체험 수업 – 투자 IQ〈국내 주식 및 미국 중국 일본 등 해외 주식에 응용〉		
1	오리엔테이션투자SQ/IQ	- 투자의 역사 / 주식회사와 투자의 기원 이해 - 투자의 인문학 / 투자 대가들의 투자 철학 - 가격 차트 분석의 기원 / 심리의 이해 - 강의와 토론 - 학부모 참관	장영한장호철김성재
2	투자 IQ사냥감 고르기(포트폴리오 구성)	- 투자할 종목 고르는 비결 - 상승 추세의 이해(대형 우량주 상승 추세 종목)	유튜브주식 게임흙수저 탈출기 설치
3	투자 IQ사정거리 이해	- 숨은 그림 찾기 - 꼭지점(변곡점) 그리기 - 지지/저항선의 이해와 숨은 그림 찾기 실습 - W - M 패턴의 이해 - 숨은 그림 찾기 실습 - W / M 패턴 찾기	증권사 HTS 모의 투자가입 및 설치
4	사정거리와조준선 이해 1	- 이동평균선이란 무엇인가? -- 추세선의 변형 - 주식 시장의 심리 - MACD는 어떻게 이용할까?	컴퓨터가 없던 시절

주차	주제	내용	비고
5	사정거리와 조준선 이해 2	- 지지/저항선과 MACD의 관계 - 매수/매도 디버전스의 매매 활용 방법 - 숨은 그림 찾기	국내 및 미국 주식에서의 사례연구
6	의사결정 훈련 1 사격하기	- N-1(전고점)자형 패턴 저항선(전고점) 돌파 후 지지선 찾기 - 사격 후 점검 / 투자 실패의 원인 분석 (희망, 욕심, 두려움) - N-1자형 숨은 그림 찾기	
7	의사결정 훈련 2 사격하기	- N자형 패턴의 이해 - 의사 결정과 위험 관리의 이해 - N자형 숨은 그림 찾기	
8	의사결정 훈련 3 시뮬레이션	- 한국/미국 주식을 대상으로 모의 매매 트레이닝 - 스스로 의사결정을 통해 위험 관리의 중요성 이해 - 움직이는 목표물에 대한 정확한 조준과 인내심 사격 지점을 반복 - 사냥(매매)일지 작성	책 발행의 source
	총평	- 향후 실전 매매 방향 – 2단계 실전(모의) 매매- 방학 기간 - 퀀트 시스템 매매를 위한 Vision - 진학을 위한 준비 – 영어 /에세이 등	

▌ 교육 신청 자격

* 초 5, 6/중·고등학생/수능 응시자 + 학부모(장학 혜택 70%)

투자 변동성에 대한 개념을 정립하고, 수십 년 이상 검증된 가격 분석 기법을 기초부터 습득해 스스로 가격 분석을 하게 하는 것이 목표입니다. 주식 가격 분석 기법은 초보자도 투자 나이 측면에서는 어린아이와 다를 것이 없으므로 상식적인 논리에서부터 스스로의 '답'과 원칙을 찾아가는 과정임을 깨닫게 합니다.

졸업생들의 저서 《트레이딩은 트레이딩이다》, 《주식 트레이닝을 시작하라》를 비롯해 네이버 카페에 게시되어 있는 졸업생들의 매매일지를 살펴보면서 자유롭게 토론합니다. 이러한 과정에서 투자자 십계명에 대해서 자연스럽게 체득하게 되며 앞으로의 매매에 대해서 머릿속으로 그려보게 됩니다.

▌ 추세와 지지/저항의 이해

패턴매매의 기본은 추세가 있는 종목을 고르는 것에서부터 출발합니다. 교육생들은 과거 종목들을 찾아보면서 추세의 유무를 분별할 수 있는 안목을 키울 수가 있습니다. 이렇게 추세를 이해하고 나서는 다양한 지지선과 저항선의 사례에 대해서 찾아보는 과제를 수행합니다.

▌ 리스크 관리를 바탕으로 한 계좌 관리

리스크 관리는 모든 투자의 핵심이라고 해도 과언이 아닙니다. 그중에서도 손절매는 교육생들이 꼭 알아야 할 기본 중에서 기본입니다. 주요 사례를 통해 손절매의 중요성을 느끼게 되고, 어떤 위치에서 손절매 가격선을 설정해야 하는지 알 수 있습니다. 손절매에 대한 이해를 바탕으로 시장에서 살아남을 수 있는 계좌관리의 기법을 전수합니다. 이를 통해 교육생들은 하방 리스크의 완벽한 통제하에 수익을 극대화할 수 있다는 자신감을 갖게 됩니다.

▌패턴매매기법의 이해
▶ 시스템매매기법으로의 발전 과정 이해
패턴매매기법은 MACD와 이동평균선만을 활용해 누구나 쉽게 배우고 이해할 수 있는 매매기법입니다. 교육생들은 패턴매매기법의 이론과 실전 사례가 담긴 저서《장영한의 패턴 매매기법으로 주식 트레이닝을 시작하라》를 탐독한 후 강사진들의 강의로 이해도를 높이게 됩니다. 그리고 과제 수행과 독서 발표를 통해 패턴매매기법의 이해도를 다시 한번 점검합니다.

▌HTS의 기초와 활용 / 시스템 매매 방법의 이해와 활용
이전까지의 교육이 이론을 중점으로 한 교육이었다면, 이제는 실전을 준비하는 단계라고 할 수 있습니다.

실전 매매를 하기 위한 필수도구인 HTS의 로그인부터 차트 보기, 이동평균선과 보조지표의 설정, 시스템 매매 방법, 주문 방법 등 교수진의 step by step 강의로서 따라만 해도 충분히 HTS를 통한 매매를 능숙하게 할 수 있게 됩니다. 만약 PC에 익숙하지 않더라도 친절한 교수진의 일대일 지도를 통해 능숙하게 HTS를 활용할 수 있습니다.

교육 목적상 HTS는 stop loss 주문이 서버에 설정되는 증권사의 HTS를 활용합니다.

장영한 대표이사
(ROCEM TRADING ACADEMY)

▌프로필

- MACD 보조지표를 활용한 추세패턴매매기법 정립
- 선진/LG/KR선물에서 국내, 해외영업 총괄
- 로셈 트레이딩 아카데미 원장
- 한국은행 객원강사(2004.7~2008)
- 선물협회 객원강사(2005.4~2007)
- ㈜애드먼투자자문 대표이사(2008.11~2010.06)
- KR 선물 해외 담당 본부장(2004.6~2008.3)
- 세계 최초의 주식 게임 '흙수저 탈출기' 출시

▌저서 : 주식 서적 총 11권

《최적의 매수 타이밍을 찾아라》,《패턴매매기법 주식투자》,《매수의 정석》,《트레이딩은 트레이닝이다》
《주식 트레이닝을 시작하라》,《로셈 클럽의 패턴매매기법》,《주가 차트 초보자가 꼭 알아야 할 98가지》
《외환 투자 초보가 꼭 알아야 할 101가지》,《내 그물에 잡힌 고기로도 충분하다 1, 2》
- 국내 유일, 최초 주식 온라인 강의 '매수의 정석' 현대/K홈쇼핑 판매
- 한국 투자증권을 비롯한 금융기관 직원용 주식 온라인 강의 제작/판매
- 영어/중국어 등으로 자막 제작해서 주식 강의 수출 준비 중
** 국내 및 해외 주식의 자동 매매시스템 개발 – 현대증권에 판매

▌증권 방송 활동

- 이토마토 : "배워야 산다", "트레이딩투자전략" 방송
- 한국경제방송: "기초탄탄 눈높이증권", "실전매매 주식 서바이버", "장영한의 패턴매매 완전정복", "한판붙자FX" 방송

▌강의 경력

한국은행 / 현대증권 연수원 / 델타투자자문 / 와환선물 / 플러스 / 자산운용 / 산한금융투자 FICC / 국민은행 자금부
면방직협회구매담당자 / KTB 자산운용 채권펀드매니저 / 외환은행 신탁부채권펀드매니저 경영대학원 강의 등 다수

▌학력

한양대학교 경영학 학사

차트 퀴즈로 풀어보는
미국 주식 매수 타점 완전 정복

제1판 1쇄 2023년 7월 13일

지은이 장영한, 장호철, 박준혁
감 수 김점수
펴낸이 한성주
펴낸곳 ㈜두드림미디어
책임편집 최윤경, 배성분
디자인 노경녀(nkn3383@naver.com)

㈜두드림미디어
등 록 2015년 3월 25일(제2022-000009호)
주 소 서울시 강서구 공항대로 219, 620호, 621호
전 화 02)333-3577
팩 스 02)6455-3477
이메일 dodreamedia@naver.com(원고 투고 및 출판 관련 문의)
카 페 https://cafe.naver.com/dodreamedia

ISBN 979-11-93210-01-7 (02320)